必ず役立つ!!
ホームステイ
英会話ナビ
―出発から帰国まで―

染矢正一
Fred Ferrasci
Paul Murray

南雲堂

はしがき

　ホームステイをしたことがありますか？

　英会話を覚えるにはいろいろな方法がありますが、英語圏の国にホームステイをして、家族の人たちと毎日生活をいっしょにするなかで、自然な形で英語を身につけるのは、すばらしい方法のひとつです。

　日本で学んでいた英語がそのまま大いに役だつこともあるでしょう。しかし、今まで聞いたことのない数々の英語表現に出会ったり、英語を話す速さに圧倒されることもあるに違いありません。また、まったく日本とは違った生活習慣に触れて、面食らうこともあると思います。あるいは、日本にいたときは何でもなかったことが、あらためて新鮮にうつり、家族や友人、日本のよさが本当にすばらしいと思えたり、場合によっては、ホームステイ先の文化に触れて、いろいろと新しいことを学ぶことも多いでしょう。

　本書は、ホームステイをするとき、必ず遭遇するいろいろな場面を取り上げて、そこで実際に使われる英語表現を学べるように工夫された、ホームステイ実用英会話の本です。

　日本を出発する前に、ホームステイ先に手紙を書くことから始まって、空港でのホームステイ家族との出会い、家庭生活での家族との話、外食するときやバスの中での会話、パーテイーでの語らいなど、実際のホームステイの体験にもとづいた状況を数多く扱っています。

　それぞれの会話場面でのキーセンテンスだけでも、とっさに使えるよう覚えておくと、ホームステイする上で、必ず役立つと思います。余裕があれば、そのほかの表現もあわせて覚えてみてください。

　本書に付随したCDを利用して、できるだけ英語を聞く時間をつくってほしいものです。英文の意味が分かりにくい個所は、対訳式になっていますので、右のページの語彙の説明や「注」を参考にしながら、必ず理解しながら、次のレッスンに進むようにするのがいいと思います。

　なお、本書に付随したビデオテープもありますので、ご利用ください。また、ホームステイについて、さらに詳しく勉強なさりたい場合は、**本書の姉妹編として、** *Homestay Do's and Don'ts* **の英語テキストと、ワークブックもあります**ので、チャレンジしてみてください。

　すばらしいホームステイをより楽しく、有意義にするために本書が少しでも役立てればと思います。

著者

もくじ

1 ホームステイの準備 …… 8
   1 ホームステイ家族に手紙を書く
   2 ホームステイ家族に電話をする

2 空港で …………………… 12
   3 空港のカウンターでチェックインする (1)
   4 空港のカウンターでチェックインする (2)
   5 空港のカウンターでチェックインする (3)
   6 搭乗アナウンス

3 飛行機の中で ……………… 20
   7 安全説明 (1)
   8 安全説明 (2)
   9 安全説明 (3)
   10 機内食を注文する
   11 機内で免税品を買う
   12 税関の申請用紙に書く
   13 飛行機酔い
   14 隣の客と話す

4 アメリカに到着する …… 36
   15 出入国管理で
   16 手荷物引き渡し所で (1)
   17 手荷物引き渡し所で (2)
   18 税関で
   19 接続便について聞く
   20 接続便のアナウンス
   21 ホストファミリーに会う (1)
   22 ホストファミリーに会う (2)

5 滞在先の家族の元に向かう …………………………… 52
   23 英語がわからないとき
   24 第1印象
   25 市内の案内
   26 案内所で
   27 ホストファミリーに、到着時刻を知らせる

6 滞在先の家族の元に到着 …………………………… 62
   28 靴のこと
   29 ほかの家族の人々に会う
   30 家の印象

7 家の中で ………………… 68
   31 自分で勝手に食べる (1)
   32 自分で勝手に食べる (2)
   33 洗濯をする
   34 掃除機で掃除をする
   35 電話を使う許可を得る
   36 コレクトコールをする
   37 電話を受ける (1)
   38 電話を受ける (2)
   39 テレビを見る (1)
   40 テレビを見る (2)

8 食事のとき ……………… 88
   41 食事の前にお祈りする
   42 食事をほめる
   43 食べ物をとってもらう
   44 すすめを断る
   45 おなかが一杯になったとき
   46 朝食で
   47 きれいにする

9　外食する 102
- 48　ファーストフードを注文する
- 49　レストランの予約をする
- 50　レストランに着く
- 51　注文を決める
- 52　ディナーについて聞く
- 53　ステーキを注文する
- 54　間違った注文
- 55　チップについて
- 56　カクテルを注文する

10　乗り物に乗る 120
- 57　バス料金
- 58　目的地を確認する
- 59　タクシーで
- 60　レンタカーを選ぶ
- 61　レンタカーの保険
- 62　自動車の故障
- 63　レンタカーを返す
- 64　道を聞く

11　人々と話す 136
- 65　ほめられたときの答え方
- 66　個人的な質問
- 67　話すのが速くてわからないとき
- 68　意味を聞く
- 69　会話を続ける
- 70　紛らわしい質問
- 71　贈り物を説明する

12　社会的な交わり 150
- 72　歓迎パーティー
- 73　誕生パーティー
- 74　不意打ちパーティー
- 75　ポットラックパーティー
- 76　送別会
- 77　デートをを申込む
- 78　映画のデートを決める
- 79　会話を始める
- 80　日曜日の教会
- 81　教会での儀式
- 82　アメリカのスポーツ
- 83　相撲を説明する

13　いろいろな用事 174
- 84　銀行からお金を引き出す
- 85　お金を交換する
- 86　旅行者用小切手を現金に換える
- 87　はがきを送る
- 88　小包を送る
- 89　散髪をする

14　ホテルで 186
- 90　ホテルの予約をする (1)
- 91　ホテルの予約をする (2)
- 92　ホテルの予約をする (3)
- 93　ホテルでチェックインする (1)
- 94　ホテルでチェックインする (2)
- 95　レストランについて聞く (1)
- 96　レストランについて聞く (2)
- 97　ホテルの洗濯サービス
- 98　ホテルのコインランドリー
- 99　自分を閉め出したとき
- 100　部屋から電話する
- 101　チェックアウト

15　買い物 210
- 102　ウインドウ・ショッピング
- 103　品物を探す
- 104　サイズとデザイン
- 105　値段
- 106　クレジットカード

- 107 旅行者用小切手
- 108 品物を返却する
- 109 特産品
- 110 のみの市で商談する

16 大学で 228
- 111 コミュニティーカレッジ
- 112 入学試験
- 113 英語集中プログラム (1)
- 114 英語集中プログラム (2)
- 115 アメリカの休日
- 116 大学の掲示板
- 117 ノートを取ること
- 118 自分をクラスで表現する
- 119 テストと成績
- 120 リサーチペーパー
- 121 クラスの頻度
- 122 ＧＰＡのこと

17 病気 252
- 123 頭痛
- 124 胃の痛み
- 125 医者の予約をとる
- 126 医者の診察室で (1)
- 127 医者の診察室で (2)
- 128 薬局で
- 129 歯医者の診察室で

18 トラブル 266
- 130 無くなったパスポートを届け出る
- 131 忘れた品物を送ってもらう

19 日本に帰る 270
- 132 ホストファミリーとの別れ
- 133 お礼状

必ず役立つ!!
ホームステイ英会話ナビ

Part 1   Preparing for Your Homestay

1. Writing to Your Homestay Family

> **Please let me introduce myself.**

Takashi writes a short letter of self-introduction to his homestay family.

June 3, 2002

Dear Mr. and Mrs. Taylor:

   I have just found out that I will be staying with your family during my visit to the States next month.

   Please let me introduce myself. I am Takashi Suzuki. I am a freshman at a college in Tokyo. I like baseball and other sports very much. I also like listening to American pop music.

   This will be my first trip to the States, and I am looking forward to staying with your family and having many new experiences.

   Please take care. See you next month.

Yours Sincerely,
Takashi Suzuki
Takashi Suzuki

Part 1 ホームステイの準備

1. ホームステイ家族に手紙を書く

自己紹介をします

タカシはホームステイの家族に、自己紹介の手紙を書く。

2002年6月3日

テイラーご夫妻へ

拝啓
　来月、アメリカ滞在の間、あなたのご家族にお世話いただくことになりました。
　自己紹介をします。私は鈴木タカシといいます。東京の大学1年生です。野球やそのほかのスポーツが大好きです。また、アメリカのポップミュージックを聴くのも好きです。
　今回が初めてのアメリカ旅行です。あなたのおうちに泊めていただき、また、多くの体験ができることを心待ちにしています。
　それでは、来月おうかがいします。

敬具

鈴木タカシ
鈴木タカシ

注
dear	拝啓	experience	体験
freshman	大学1年生	Yours Sincerely	敬具
look forward to〜	〜を心待ちにする		

ちょっとひと言

ホームステイ家族が決まったら、簡単な自己紹介の手紙を書いておこう。家族や自分の写真を同封しておくといっそうよい。英語の手紙は、用件を単刀直入に言えばよい。

Part 1   Preparing for Your Homestay

2. Calling Your Homestay Family

Track 2

> **May I speak to Mrs. Taylor, please?**

Takashi calls his homestay family from Japan. Diane, Takashi's host mother, answers the phone.

D : Hello.

T : Hello. **May I speak to Mrs. Taylor, please**?

D : Speaking.

T : This is Takashi Suzuki, the boy who will stay with you next week. I'm calling just to tell you when I'll be arriving.

D : How sweet of you to call us! We're all looking forward to meeting you.

T : Same with me. I'll be arriving on United Airlines flight 75 at 5:30 p.m. on the 17th.

D : United Airlines flight 75 at 5:30 p.m. on the 17th. We'll be at the airport to pick you up. Have a nice trip.

T : Thank you. See you next week. Take care. Bye.

Part 1　ホームステイの準備

2．ホームステイ家族に電話をする

> テイラー夫人はいらっしゃいますか？

タカシは、日本からホームステイ家族に電話をかける。ホストマザーのダイアンが電話に出る。

ダ：　もしもし。
タ：　もしもし。**テイラー夫人はいらっしゃいますか。**
ダ：　テイラーは私ですが。
タ：　私は鈴木タカシです。来週あなたのお家でお世話になる者です。いつ到着するかを連絡するために電話をしました。
ダ：　電話をしてくれてありがとう。あなたに会えるのを、皆、楽しみにしているのよ。
タ：　私も楽しみにしています。私は、17日の午後5時30分に、ユナイテッド75便で到着します。
ダ：　17日、ユナイテッド75便、午後5時30分ね。空港に迎えに行くわ。気をつけてね。
タ：　ありがとうございます。では来週。さようなら。

注　United　　世界最大の航空会社。正式名は United Airlines
　　　 pick up　　車に乗せる
　　　 Take care.　さようなら。気をつけて。

> ちょっとひと言

ホームステイ家族への、到着便、到着日、到着時間の連絡は、電話のかわりに、手紙で知らせておいてもよい。「私はタカシです」は、This is Takashi speaking. のように言う。Speaking は省略して言ってもよい。

Part 2 At the Airport

3. Checking In at the Airline Counter (1)

> **I'd like to check in for my flight.**

Takashi is at Narita Airport. He is checking in at the airline counter. He talks with an airline clerk.

C : Next, please. May I help you?
T : **I'd like to check in for my flight** to Chicago.
C : Your ticket and passport, please.
T : Sure. Here you are.
C : Would you like a window seat or an aisle seat?
T : An aisle seat, please.

Part 2　空港で

3．空港のカウンターでチェックインする (1)

> フライトのチェックインをしたいのですが。

タカシは、成田空港にいる。カウンターでチェックインをしている。係員（clerk ク）と話をする。

ク：　次の方どうぞ。いらっしゃいませ。
タ：　シカゴ行きフライトのチェックインをしたいのですが。
ク：　チケットとパスポートをお願いします。
タ：　わかりました。どうぞ。
ク：　窓側の席と通路側の席は、どちらがよろしいですか。
タ：　通路側の席をお願いします。

注　Next, please　　　next person の意。
　　　Chicago　　　　　発音は、[ʃikágou]、[tʃikágou] のどちらでもよい。
　　　aisle　　　　　　　通路（[ail]と発音する。s は発音しないことに注意）

ちょっとひと言

景色が見たければ窓側の席がよいが、飛行時間が長くかかるときには、通路側の方が、足をのばすこともでき楽である。特に、何度も席を立つ場合には、通路側が便利がよい。飛行機の中では、スリッパ、エア枕、耳栓など、"小道具"をもっていくと、便利なこともある。

Part 2 At the Airport

4. Checking In at the Airline Counter (2)

Track 3

I packed my bags myself.

Takashi is still checking in at the airline counter. The clerk talks with Takashi.

C : Are you checking in any bags today?
T : Yes, these two bags.

Takashi puts two large bags on the scale.

C : Did you pack these bags yourself?
T : Yes. **I packed my bags myself.**
C : Do you have anything breakable in your bags?
T : Yes, I have a couple of vases for my host family.
C : Then, I'll put these tags on your bags.

The clerk puts tags marked "fragile" on Takashi's bags and puts them on the conveyer belt.

4．空港のカウンターでチェックインする（2）

> 自分で鞄に荷物を詰めました。

タカシは、まだ、カウンターでチェックインをしている。係員（clerk ク）と話をしている。

ク： 鞄をおあずけになりますか。
タ： このふたつの鞄をお願いします。

タカシはふたつの大きな鞄をはかりの上に載せる。

ク： ご自分で荷物はつめられましかたか？
タ： はい。**自分で鞄に荷物を詰めました。**
ク： 鞄の中には、壊れ物はございますか。
タ： はい。ホストファミリーようの、花瓶がふたつ入っています。
ク： それでは、つけ札を鞄にはりましょう。

係員はつけ札をタカシの鞄に貼って、ベルトコンベアに置く。

注 conveyer belt でも、belt conveyer でもよい。

Part 2 At the Airport

5. Checking In at the Airline Counter (3)

> **Is the flight on time?**

Takashi is finishing checking in at the airline counter. The clerk talks with Takashi.

C : Here's your boarding pass. Your baggage claim slip is stapled to your ticket. Please go to Gate 48.
T : **Is the flight on time?**
C : Yes. Boarding will begin at 12:30.
T : Do I need to pick up my bags in Chicago?
C : Yes, you'll need to pick them up and go through customs. Then, you can check them in again for your flight to Columbus.

5. 空港のカウンターでチェックインする (3)

> 飛行機は定刻通りですか？

タカシはカウンターでチェックインを終わろうとしている。係員（clerk　ク）がタカシと話をしている。

ク： これが搭乗券でございます。荷物の引換券を切符につけています。48番の搭乗ゲートにお進みください。
タ： **飛行機は定刻どおりですか。**
ク： はい。搭乗は12時半に始まります。
タ： シカゴで荷物を受けとるんですか。
ク： はい。荷物を受け取って、税関をお通りください。それから、コロンブス行きの飛行機で、再びチェックインしてください。

注　boarding pass　　搭乗券
　　baggage claim　　荷物の受け取り
　　slip　　　　　　　小片の紙
　　on time　　　　　　定刻の
　　customs　　　　　　税関　この意味では常に複数形を使うことに注意。
　　Columbus　　　　　オハイオ州の州都

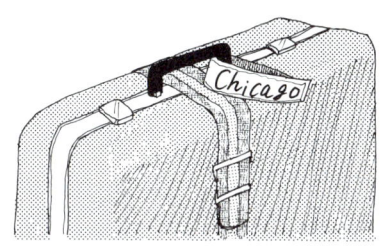

ちょっとひと言

乗り継ぎをするときには、どのように荷物を受け取るのか、絶えず確認しておこう。荷物が届かなかったり、間違ったところに到着しないために。

Part 2 At the Airport

Track 4

6. Flight Announcements

All passengers should proceed to Gate 48 immediately.

Takashi is at the gate. He hears a flight announcement over the PA system.

Your attention, please. United Airlines Flight 800 to Chicago will begin boarding from Gate 48 in about ten minutes. Please proceed to the gate. Thank you.

Your attention, please. This is the final call for United Airlines Flight 800 to Chicago. **All passengers should proceed to Gate 48 immediately.**

6. 搭乗アナウンス

> ご搭乗のみなさま、至急48番ゲートにお出でください。

タカシはゲートにいる。搭乗アナウンスを聴く。

　ご連絡いたします。ユナイテッド航空、シカゴ行きの800便は、10分ほどで、48番ゲートから搭乗を始めます。どうぞ、ゲートにお進みください。

　ご連絡いたします。ユナイテッド航空、シカゴ行き800便の最後のご案内です。ご搭乗の皆様、至急、48番ゲートにお出でください。

注　PA　　　　　　public announcement の略で、スピーカーで放送することを言う。
　　　proceed　　　　進む
　　　passenger　　　乗客

Part 3 On the Plane

7. Safety Briefing (1)

> **We recommend that you keep your seat belt fastened throughout the flight.**

Takashi is on the plane. The plane is about to take off. One of the flight attendants gives a safety briefing.

Your attention, please. Before takeoff, we would like to explain some safety features on this aircraft. Please take out the safety card from the pocket in the seat in front of you and follow along.

First, all passengers must have their seat belts fastened during takeoff and landing. **We recommend that you keep your seat belt fastened throughout the flight** in case we should encounter unexpected turbulence.

Part 3　飛行機の中で

7. 安全説明（1）

> 飛行中も、シートベルトをお締めください。

タカシは、飛行機に乗っている。飛行機は飛び立とうとしている。乗務員が安全説明を行う。

　お知らせ致します。飛行機が離陸する前に、この飛行機についての安全体制について、ご説明致します。どうぞ、お席の前にあります、安全カードをお取りになって、順を追ってご覧ください。
　まず、皆様、離陸と到着のさいは、必ずシートベルトをしっかりとお締めください。また、突然、乱気流に出会うこともありますので、**飛行中も、シートベルトをお締めください。**

注
safety	安全
brief	〜に簡単な指示を前もって与える
	ブリーフ（underpants）の場合は、英語では briefs のように、-s を付ける。
be about to 〜	ちょうど〜しようとする
in case 〜	万一〜の場合には
encounter	〜に偶然出会う
turbulence	乱気流

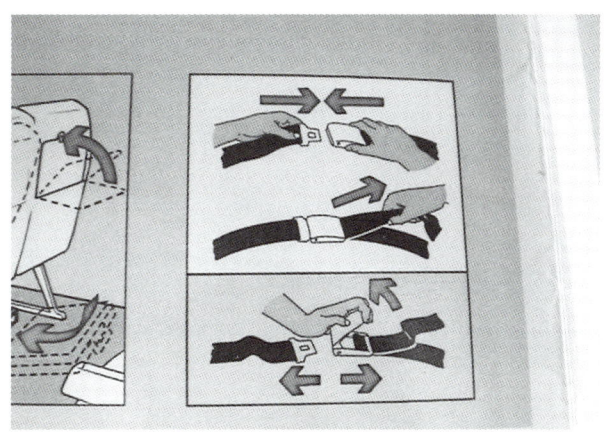

Part 3　On the Plane

8. Safety Briefing (2)

Track 5

> **Please locate the emergency exit nearest your seat.**

Takashi is on the plane. The plane is about to take off. The flight attendant continues her safety briefing.

This aircraft has emergency exits in each section. **Please locate the emergency exit nearest your seat.**

A safety vest is under your seat. Slip on your vest like this. To inflate your vest, blow on the tubes like this.

In case there is a need for oxygen, oxygen masks will automatically come down. Just put the mask on and breathe in. Be sure to put your own mask on before trying to assist others.

Part 3　飛行機の中で

8. 安全説明（2）

> お席に一番近い非常口をお確かめください。

タカシは、飛行機に乗っている。飛行機は離陸しようとしている。乗務員が、引き続き安全説明を行う。

　この飛行機には、それぞれのセクションに非常口がございます。**お席に一番近い非常口をお確かめください。**

　安全ベストは、お席の下にございます。安全ベストは、このように着用してください。ベストを膨らませるには、このように管に息を吹き込んでください。

　酸素が必要な場合には、酸素マスクが自動的に降りてきます。マスクを着けて息をしてください。他の人の手助けをする前に、まず、ご自分のマスクを着用してください。

注
emergency exit	非常口
locate	〜を見つける
safety vest	安全ベスト
slip on	〈服など〉をすっと着る
inflate	〜を膨らませる
oxygen	酸素
breathe in	息を吸い込む

ちょっとひと言

安全説明と同じ内容のパンフが、座席のポケットに入っているので、分かりにくいところは、目を通して確認しておこう。非常口はパンフに明示されている。

Part 3   On the Plane

9. Safety Briefing (3)

Track 6

> **All electronic devices must be switched off during takeoff and landing.**

Takashi is on the plane. The plane is about to take off. The flight attendant continues her safety briefing.

   All electronic devices must be switched off during takeoff and landing. That includes cellular phones, laptop computers, video cameras and video games.

   Please remember this is a non-smoking flight. So smoking is not allowed at any time during the flight. Smoking is prohibited in the lavatory. Federal Aviation Law prohibits any tampering with the smoke detection devices in the lavatory.

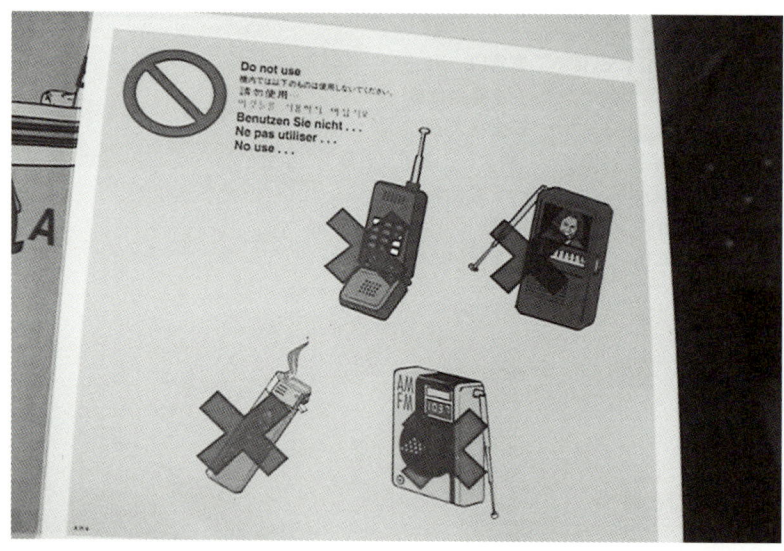

9. 安全説明 (3)

> すべての電気器具のスイッチは、
> 離陸と着陸のとき、お切りください。

タカシは、飛行機に乗っている。飛行機は離陸しようとしている。乗務員が、引き続き安全説明をしている。

　すべての電気器具のスイッチは、離陸と着陸のとき、お切りください。携帯電話、ラップトップのコンピューター、ビデオカメラ、ビデオゲームなどです。

　この飛行機は、すべての座席が禁煙になっています。飛行中は、禁煙になっております。喫煙は、トイレでも禁止されております。連邦航空法によって、トイレの煙の探知機に触れることは、禁じられております。

注
electronic devices	電気器具
switch off	〜のスイッチを切る
laptop	膝頭
prohibit	〜を禁止する
Federal Aviation Law	連邦航空法
tamper with 〜	〜に勝手に手を加える
detection devices	探知機

ちょっとひと言

電気器具は、航空機の操縦システムに影響を与えることが考えられるので、離陸と着陸のときには、必ずスイッチを切っておくこと。

Part 3 On the Plane

Track 6

10. Ordering an In-Flight Meal

> **I'll have the fish dinner, please.**

Takashi is on the plane. A flight attendant comes to him and asks him what he wants for dinner.

F : Would you like chicken or fish for dinner?
T : Let me see. **I'll have the fish dinner, please.**
F : What would you like to drink with your meal?
T : Do you have Japanese tea?
F : I'm sorry we don't, but we have English tea, though.
T : What else do you have?
F : We have coffee and orange juice.
T : I'll have coffee, then.

Part 3　飛行機の中で

10．機内食を注文する

> 魚のディナーをお願いします。

タカシは、飛行機に乗っている。乗務員（flight attendant フ）がやってきて、夕食は何がいいかを聞く。

フ：　夕食は、チキンと魚のどちらになさいますか。
タ：　ええっと。魚のディナーをお願いします。
フ：　食事といっしょに、何をお飲みになりますか。
タ：　日本茶はありますか。
フ：　ごめんなさい。日本茶はありませんが、紅茶はございます。
タ：　ほかになにがありますか。
フ：　コーヒーと、オレンジジュースがございます。
タ：　それじゃ、コーヒーをください。

注　flight attendant　　乗務員

ちょっとひと言

店が客に出す食事の割引券を、meal ticket という。meal はもともと、決まった時刻にだす、食事のことをいう。
dinner は、1日のうちで、一番のご馳走をいう。breakfast は「朝食」、lunch は「昼食」、supper は「夕食」の意である。
英語で tea と言えば、紅茶のことを言う。緑茶と言う場合には、green tea と言えばよい。

Part 3   On the Plane

11. Purchasing Duty-Free Items on Board

> **What duty-free items do you have?**

Takashi is on the plane. A flight attendant comes to him and asks him if he wants some duty-free goods.

F : Sir, would you like to purchase anything from our in-flight duty-free shop?
T : Let me see. **What duty-free items do you have?**
F : We have a variety of goods and you can have them delivered to your home.
T : May I see your list?
F : Yes. Also you can find a list of our duty-free items in our in-flight magazine. The magazine is in your seat pocket.
T : I'll look over the list. Could you come back in a few minutes?

11. 機内で免税品を買う

> どういった免税品がありますか？

タカシは、飛行機に乗っている。乗務員（flight attendant フ）がやってきて、タカシに何か免税品がいるか尋ねる。

フ： お客様、機内の免税店で何かお買いになりたい品物はございませんか。

タ： ええっと。どういった**免税品**がありますか。

フ： いろいろなものがございます。また、ご自宅まで配送もできます。

タ： リストを見せてもらえますか。

フ： どうぞ。機内の雑誌にも、免税品のリストを載せております。雑誌は、座席のポケットに入っています。

タ： リストをちょっと見てみます。2〜3分したら、戻ってきていただけますか。

注
duty-free	免税の -free は、「〜がない」という意味で、名詞の後につけることがある。tax-free「非課税の」、salt-free「無塩の」
purchase	buy と同じ意味であるが、上品なことばで、女性が好んで使う。
item	項目
variety	[vəráieti] という発音に注意。
goods	品物
look over	〜を調べる

ちょっとひと言

good は、「よい」という意味でよく使われるが、goods のように s が付くと、「品物」という特別な意味になるので注意。

Part 3 On the Plane

12. Filling Out a Customs Form

> **Which box should I check?**

Takashi is on the plane. He is filling out a customs form. He has a question and asks the flight attendant.

T :   Ma'am. Can I ask you a question?
F :   Yes, sir. What would you like to ask?
T :   **Which box should I check?**
F :   Well, do you live in the United States?
T :   No, I'm just visiting for a couple of weeks.
F :   Then, check the box marked "non-resident."
T :   Thank you.

12. 税関の申請用紙に書く

> どちらの枠に印をつけたらいいんですか。

タカシは、飛行機に乗っている。税関の申請用紙に記入している。乗務員（flight attendant フ）に質問する。

タ： すみません。質問があるんですが。
フ： ええ。どのようなご質問でしょう。
タ： どちらの枠に印をつけたらいいんですか。
フ： ええっと、あなたはアメリカにお住みになりますか。
タ： いいえ、2、3週間住むだけです。
フ： それでは、「非居住者」と記されている枠に印をつけてください。
タ： ありがとうございました。

注　fill out　　　　　（書類など）を埋める、書く
　　box　　　　　　　（印をつけるための）枠
　　non-resident　　　非居住者

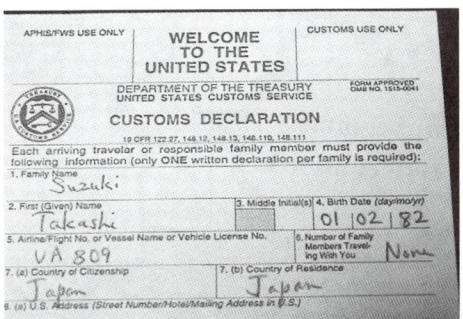

ちょっとひと言

紙に記入するときは fill out、しかし、用紙の中のいろいろな欄に記入するときは fill in という言い方をよくする。
Please fill in the following blanks. 次の空欄を埋めてください。

Part 3　On the Plane

13. In Case of Airsickness

I'm beginning to feel airsick.

Takashi is on the plane. He is not feeling well. He pushes a button and a flight attendant comes to him.

F :　What can I do for you, sir?
T :　**I'm beginning to feel airsick.** Could you bring me an airsickness bag?
F :　There is one right here in your seat pocket.
T :　Oh. Thank you.
F :　If there's anything I can do for you, let me know immediately.
T :　I'd appreciate that.

Part 3　飛行機の中で

13. 飛行機酔い

> 飛行機に酔い始めたようです。

タカシは、飛行機に乗っている。彼は気分が悪い。ボタンを押すと、乗務員（flight attendant フ）がやってくる。

フ：　どういうご用件でしょうか。
タ：　**飛行機に酔い始めたようです。飛行機酔い用の袋をもってきていただけますか？**
フ：　ここの座席のポケットに入っています。
タ：　ああ、わかりました。
フ：　ご用がありましたら、すぐ、お呼びください。
タ：　ありがとうございます。

注　airsick　　　　　飛行機酔い、航空病
　　appreciate　　　〜をありがたく思う、〜を感謝する

ちょっとひと言

（文法）appreciateという動詞は、〈もの〉を目的語にすることはできるが、〈人〉を目的語にすることはできない。
　　　○ I appreciate it very much.
　　　○ I appreciate your offer.
　　　× I appreciate you.

Part 3 On the Plane

Track 8

14. Talking with the Passenger Next to You

I'm a college student living in Tokyo.

Takashi is on the plane. The person sitting next to Takashi starts a conversation with him.

P: Is this your first trip to the States?
T: Yes, it is.
P: Are you traveling alone?
T: Yes, but I'll be staying with an American family in Cincinnati.
P: Wonderful! Oh, by the way, my name is Patricia Long.
T: I'm Takashi Suzuki. **I'm a college student living in Tokyo.** Nice to meet you.

Part 3　飛行機の中で

14. 隣の客と話をする

> 私は東京に住んでいる大学生です。

タカシは、飛行機に乗っている。隣に座っている人（person sitting next to Takashi パ）が話しかけてくる。

パ： アメリカは初めてですか。
タ： はい、そうです。
パ： 1人旅ですか。
タ： はい。シンシナティの家族の家に滞在するする予定です。
パ： それは素晴らしいですね。ところで、私はパトリシア・ロングと言います。
タ： 私は鈴木タカシといいます。**東京に住んでいる大学生**です。始めまして。

注　college student　　大学生（university studentという言い方はふつうしない）
　　　Cincinnati　　　　　綴りに注意。nを重ねる。アメリカ、オハイオ州の州都で、人口は約38万。郊外を含めると100万。the Cincinnati Redsという大リーグがある。

ちょっとひと言

アメリカの人々は、飛行機の中などで隣合わせになると、よく話しかけてくる。ただ、Yes.とだけだと、それで会話が終わってしまう。相手の質問には答え、相手にも質問すると会話に花が咲く。

Part 4 Arriving in America

15. At Immigration

> **The purpose of my trip is to stay with an American family.**

Takashi has just arrived at O'Hare International Airport in Chicago. He steps up to an immigration counter. The immigration officer talks with Takashi.

I : Passport, please.
T : Here you are.
I : How long will you be staying in the States?
T : I'll be here for three weeks.
I : What is the purpose of your trip, sir?
T : **The purpose of my trip is to stay with an American family.**

Part 4　アメリカに到着する

15. 出入国管理で

> 旅行の目的は、アメリカの家庭に滞在することです。

タカシは、シカゴのオヘア国際空港に到着した。彼は出入国管理のカウンターに近づく。係官（immigration officer イ）がタカシに話をする。

イ：　パスポートを見せてください。
タ：　どうぞ。
イ：　アメリカには、どれくらい滞在しますか。
タ：　3週間です。
イ：　旅行の目的は何ですか。
タ：　旅行の目的は、アメリカの家庭に滞在することです。

注
immigration	出入国管理
O'Hare International Airport	シカゴにある非常に大きな国際空港の名
step up to ~	~へ近づく

ちょっとひと言

What is the purpose of your trip? は、しばしば聞かれる質問なので、旅行の目的をしっかり言えるようにしておきたい。目的がはっきりしないと、出入国管理のカウンターで時間がかかったりする。

Part 4 Arriving in America

16. At the Baggage Claim (1)

Track 9

> **Could you tell me where my baggage will be coming out?**

Takashi has just arrived at O'Hare International Airport in Chicago. He is in the baggage claim area and talks with an airline clerk.

T : Excuse me, ma'am?
C : What can I do for you?
T : I've just arrived on the United flight from Tokyo. **Could you tell me where my baggage will be coming out?**
C : It should be coming out on Carousel 2 over there.
T : Thank you.

16. 手荷物引き渡し所で (1)

> どこに荷物が出てくるか、教えていただけますか？

タカシは、シカゴのオヘア国際空港に到着した。彼は、荷物の引き渡し所で、係員 (clerk ク) と話をする。

タ： すみません。ちょっとお尋ねしたいのですが。
ク： どういうことですか。
タ： 東京からユナイテッドで着いたばかりなんですが、どこに荷物が出てくるか教えていただけますか。
ク： あそこのキャロセル2から出てくるはずです。
タ： ありがとうございました。

注　baggage claim　　荷物の引き渡し所
　　come out　　　　 出てくる
　　carousel [kæ̀rəsél]　旋回するベルトコンベヤ

ちょっとひと言

大きな空港では、手荷物引き渡し所が大きく、発着便も多いので、分かりにくい。そんなときは、手荷物引き渡し所にあるコンピューターで調べることも可能である。

17. At the Baggage Claim (2)

> **One of my bags hasn't come out yet.**

Takashi is still in the baggage claim area. He has been waiting for half an hour for one of his bags, but it hasn't come out. He talks with a baggage clerk.

T : Excuse me, ma'am? I've been waiting for half an hour, but **one of my bags hasn't come out yet.**
C : What flight were you on?
T : I was on United flight 800 from Tokyo.
C : It should have come out by now. Please show me your baggage claim slip.
T : OK. Here you are.
C : Let me go and check. I'll be back in a moment.

17. 手荷物引き渡し所で (2)

> 鞄の一つがまだ出ていないんです。

タカシは、まだ、手荷物引き渡し所にいる。彼は、鞄の一つを30分待っているが、出てこない。係員（clerk ク）に話しかける。

タ： すみません。30分待っているのですが、鞄の一つがまだ出ていないんです。
ク： どの飛行機に乗っていましたか？
タ： 東京からのユナイテッド800便です。
ク： 今頃はもう出ているはずですが。手荷物引き渡し証を見せていただけますか。
タ： はい。どうぞ。
ク： ちょっと調べてまいります。すぐ戻ってきます。

注
baggage	手荷物（イギリス英語では、baggageの代わりに、luggageという語をよく使う）
by now	今頃は

ちょっとひと言

手荷物には、紛失したときのために、自分の住所、連絡先などをしっかりと書いておこう。荷札に書くのもよいが、ラベルに書いて荷物に貼っておくのもよい。割れ物が入っているときは、荷物をあずけるときにその旨告げておくと、割れ物が入っていることを示す Fragile というラベルを貼ってくれる。

Part 4   Arriving in America

18. At Customs

Track 10

> **I don't have anything to declare.**

Takashi is in the customs area. A customs officer talks to him.

C :   May I see your passport and customs form, please?
T :   Here you are.
C :   What do you have in your bags?
T :   Just personal effects.
C :   Do you have anything to declare?
T :   No, **I don't have anything to declare.**

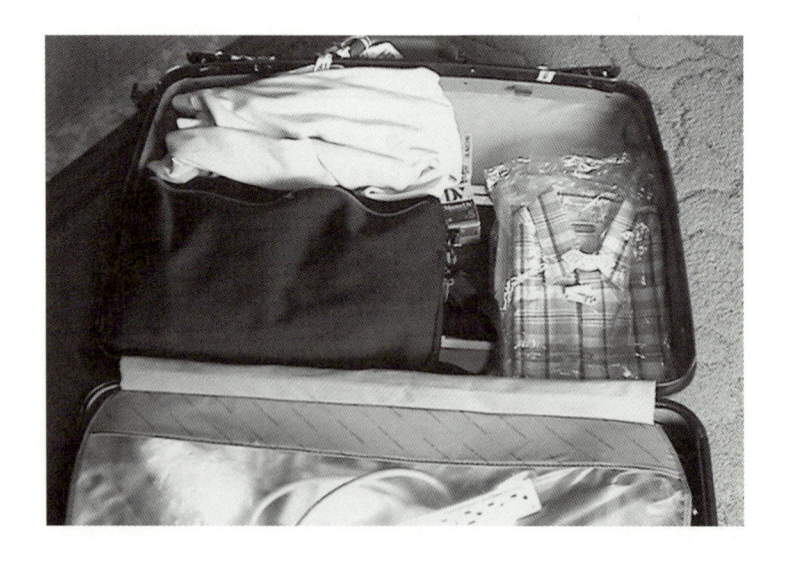

Part 4　アメリカに到着する

18．税関で

> 申告するものは何もありません。

タカシは、税関のところにいる。1人の税関吏（customs officer カ）がタカシに話をする。

カ：　パスポートと税関申告書を見せてください。
タ：　どうぞ。
カ：　鞄の中には何が入っていますか。
タ：　身の回り品だけです。
カ：　申告するものはありませんか。
タ：　いいえ、申告するものは何もありません。

注　declare　　　　　　申告する
　　personal effects　　身の回り品

> ちょっとひと言

bag の発音に注意しよう。日本語式に発音すると、どうしても [bʌg] となって、アメリカ人には bug「虫」の意味にとられてしまう。bag は [bæg] と発音したい。[æ] の発音は、日本語のエの口の形で、アを発音するとよい。

Part 4   Arriving in America

19. Asking about Your Connecting Flight

Track 11

> **Could you tell me what gate I should go to?**

Takashi has just passed through customs at O'Hare International Airport in Chicago. He asks a member of the airline staff about his connecting flight.

T :   Excuse me? Could you help me?
A :   Sure, what can I do for you?
T :   I am on flight 75 to Columbus. **Could you tell me what gate I should go to?**
A :   Just a moment. Let me check the TV monitor... Your flight will leave from Gate 22.
T :   Is Gate 22 near here?
A :   Yes, it's just over there.

44

19. 接続便についてきく

> どのゲートに行ったらいいか教えていただけませんか？

タカシは、シカゴのオヘア国際空港の税関で手続きを済ませた。彼は、接続便について係（airline staff エ）に聞く。

タ： すみません。ちょっとお願いします。
エ： いいですとも。どんなことでしょうか。
タ： 私はコロンブス行き、75便に乗るのですが、どのゲートに行ったらいいか、**教えていただけませんか**。
エ： ちょっとお待ちください。テレビのモニターを見てみましょう…あなたの飛行機は22番ゲートから出ます。
タ： 22番ゲートはこの近くですか。
エ： はい、ちょうどあそこにあります。

注 connecting flight　接続便

ちょっとひと言

飛行機を降りると、助けが必要な乗客のために、24時間体制で、空港職員が待機していることが多い。もし、誰もいないような場合には、近くのコンピューターで、接続便の確認をするとよい。

Part 4　Arriving in America

Track 11

20. Announcement for a Connecting Flight

> **United Airlines Flight 75 for Columbus
> is now boarding at Gate 22.**

Takashi has just gotten off the plane at O'Hare International Airport in Chicago. He hears an announcement for his connecting flight.

Your attention, please. **United Airlines flight 75 for Columbus is now boarding at Gate 22.** All passengers on this flight should go to Gate 22 immediately. Thank you.

ES/TERMINAL 6	12:00N 19	3	ON
N-DULLES/TERM 7	1:07p 7355	12	ON
ISCO/TERMINAL 6	2:15p 7	3	ON
N-DULLES/TERM 7	2:58p 7357	12	ON
ISCO/TERMINAL 6	4:15p 5	3	ON
ES/TERMINAL 6	4:30p 11		CAN
RMINAL 7	5:05p 25	7	ON
ES/TERMINAL 6	5:20p 29	2	ON
N-DULLES/TERM 7	5:20p 7361	12	ON
ISCO/TERMINAL 6	5:35p 3	1	ON

Part 4　アメリカに到着する

20．接続便のアナウンス

> コロンブス行きユナイテッド航空75便は、22番ゲートで
> いま搭乗手続きをしています。

タカシは、シカゴのオヘア国際空港で、飛行機を降りたばかりである。接続便のアナウンスが聞こえてくる。

　お知らせ致します。コロンブス行きユナイテッド航空75便は、22番ゲートでいま搭乗手続きをしています。この飛行機にお乗りの皆様は、すぐ、22番ゲートまでおいでください。

ちょっとひと言

Flight 75, Gate 22 の読み方は、first, second ... ではなく、one, two, three ... のように読む。国際線のアナウンスは、2カ国以上の言語で行われる。国内線は、1カ国の言語で行われることが多い。

Part 4　Arriving in America

21. Meeting Your Host Family (1)

Track 12

> **Nice to meet you, Mr. Taylor.**

Takashi has just arrived at Port Columbus International Airport. Takashi's host mother, Diane, comes up to him.

D : Are you Takashi Suzuki?
T : Yes, I am.
D : Welcome to America, Takashi.　How was your flight from Japan?
T : It was great.　I'm sure glad to be here.
D : Well, we're glad to have you.　I'm Diane and this is my husband, Bert.
T : **Nice to meet you, Mr. Taylor.**

21. ホストファミリーに会う（1）

> テイラーさん、お会いできてうれしく思います。

タカシは、ポートコロンブス空港に着いたばかりである。ホストマザーのダイアンが、タカシのところにやってくる。

ダ： 鈴木タカシさんですか。
タ： はい、そうです。
ダ： アメリカへようこそ、タカシ。日本からの飛行機の旅はどうでした？
タ： すばらしかったですよ。ここにこれて本当にうれしく思います。
ダ： 私たちも、あなたが来てくれてうれしく思います。私がダイアンで、こちらが夫のバートよ。
タ： テイラーさん、お会いできてうれしく思います。

ちょっとひと言

アメリカでは、ホストファミリーに初めて会うときも、抱きついてあいさつを交わすことが多い。また、握手もする。握手をするときは、力をこめてすること。日本人の握手は、だらっとして、気持ちが悪いと言われることがある。力をこめることによって、誠意をしめすことになる。

Part 4   Arriving in America

22. Meeting Your Host Family (2)

Track 12

Why don't you let Bert carry one of your bags?

Takashi is talking with his host mother, Diane, in the arrival lobby.

D : Were you able to get any sleep on the plane, Takashi?
T : No, not very much.
D : Then you must be tired. Is this all your baggage?
T : Yes, this is all.
D : **Why don't you let Bert carry one of your bags?**
T : Oh, thank you.

22. ホストファミリーに会う（2）

バートに荷物をひとつ運んでもらったら？

タカシは、到着ロビーで、ホストマザーのダイアンと話をしている。

ダ： タカシ、飛行機の中では少しは眠ることはできたの？
タ： いいえ、あまり眠れませんでした。
ダ： それじゃ、疲れているわね。あなたの荷物はこれだけ？
タ： はい、これで全部です。
ダ： バートに荷物をひとつ持ってもらったら？
タ： はい、ありがとうございます。

ちょっとひと言

let も make も日本語では、「させる」と訳すが、let は、「（相手がすきなように）させておく」という意味である。make は、「（相手の意志に関わらず、こちらの思い通り）させる」という、意味の違いがある。
荷物をもってくれるように申し出があれば、遠慮なく申し出を受け入れるとよい。「遠慮」の気持ちを通すのは、わだかまりを引きずることにもなる。

Part 5 Getting to the House

23. When You Don't Understand

> **Could you say that again?**

Takashi is walking to the parking lot with his host family. He talks with Diane.

D : We're almost to our car. It's across the street in that garage.
T : **Could you say that again?** I'm not good at English.
D : Sure. We're near our car. It's in that parking garage.
T : Now, I understand. Please be patient with my poor English.
D : Please don't worry. You speak English very well.
T : Thank you.

Part 5 滞在先の家族の元に向かう

23. 英語がわからないとき

> もう一度言ってくれませんか？

タカシは、ホストファミリーと駐車場に向かって歩いている。彼は、ダイアンと話をしている。

ダ： 車のところに来たわ。道路を渡った、あの駐車場よ。

タ： **もう一度言ってくれませんか。**英語があまりうまくないんです。

ダ： いいわよ。車の近くまで来たわ。車はあのガレージにあるわ。

タ： ああ、今度はわかりました。英語が下手なので、我慢してください。

ダ： 心配しないで。あなたの英語はとてもいいですよ。

タ： ありがとう。

注 be patient with ~　　～に我慢する（with があることに注意）

> Could you say that again?

> ちょっとひと言

日本人は、質問をすることに躊躇することがあるが、アメリカ人と話すときには、相手の言っていることが分からなければ、率直に Could you say that again? などの言い方で、聞き直すのがよい。わからないのにわかったふりをしたり、相手に返答せずに黙っておくことはよくない。

Part 5 Getting to the House

Track 13

24. First Impressions

> **America is really big, isn't it?**

Takashi is now on his way from Columbus to Cincinnati in his host family's car. Bert is driving on a freeway. Takashi talks with Diane.

T : **America is really big, isn't it?**
D : Do you think so?
T : I love the open spaces and everything is so green.
D : Don't you have a lot of open spaces in Japan, too?
T : Not like this. Everything is so crowded in Tokyo.
D : I've seen pictures of the Japanese countryside, and it looks very beautiful.

Part 5　滞在先の家族の元に向かう

24．第一印象

> アメリカは本当に大きいですね。

タカシは、ホストファミリーの車で、コロンブス空港から、シンシナティへ向かっている。バートが高速道路を運転している。タカシがダイアンと話をする。

タ：　アメリは本当に大きいですね。
ダ：　そう思う？
タ：　僕はひろびろとした空間が大好きです。すべてが緑ですね。
ダ：　日本にも広々したところはないの？
タ：　こんな風ではありません。東京では、すべてが込み合っています。
ダ：　日本の田園風景を写真で見たことがあるけど、本当にきれいだったわ。

注　freeway　　　高速道路（アメリカの高速道路は、日本と異なり、料金は無料である。freewayのfreeは、「ただの、無料の」という意味である）
　　open space　 空間、空地などをいう。

ちょっとひと言

アメリカ、カナダ、オーストラリアなどの高速道路は、道路幅も広いし、双方の車線の間に、ひろびろとした中央分離帯がある。これは、まさかのときの避難所にもなるし、将来、車線を増やす必要性が生まれたときにも役立つ。

Part 5 Getting to the House

25. A Brief City Tour

How many people can it hold?

Before arriving at home, Bert takes Takashi on a brief tour of Cincinnati. He talks with Diane.

D :   See that building over there?
T :   Yes.
D :   That's Cinergy Field, our main sports stadium.
T :   Is that where the famous Cincinnati Reds play?
D :   Yes, it's the home of the Reds.
T :   It's huge! **How many people can it hold?**
D :   I think it can accommodate over 50,000 spectators.

Part 5　滞在先の家族の元に向かう

25. 市内の案内

> 何人収容できますか？

家に到着する前に、バートは、タカシにシンシナティの町を車で案内する。タカシはダイアンと話す。

ダ： 向こうの方に建物が見える？
タ： ええ、見えます。
ダ： あれが、シナジーフィールドで、この町の主な、スポーツスタジアムです。
タ： あの有名なシンシナティ・レッドがプレーするところですか。
ダ： そうよ。レッドのホームグラウンドよ。
タ： 本当に大きい。**何人収容できますか。**
ダ： 5万人以上収容できるる思います。

注　hold　　　　　　　収容する
　　brief　　　　　　 簡単な
　　Cinergy Field　　大リーグ、シンシナティ・レッドのホームグラウンド。ピート・ローズは、このチームの元有名選手。
　　the Cincinnati Reds　シンシナチ・レッドの正式名。チーム名には the をつける。
　　accommodate　　収容する

ちょっとひと言

ホームステイする家に到着する前に、しばしば車で町の案内をしてもらうことがある。わからないことは質問し、興味を示すとよい。

Part 5   Getting to the House

Track 14

26. At the Information Booth

> **How often does the courtesy shuttle run?**

Takashi has just arrived at Port Columbus International Airport. He goes to an information booth at the airport and asks the clerk how to get to his hotel.

T :   Excuse me. Could you tell me how to get to the Hampton Inn?

C :   There are several of them here in town. Do you mean the one near the airport?

T :   Yes.

C :   Well, they have a courtesy shuttle.

T :   **How often does the courtesy shuttle run?**

C :   It runs every fifteen minutes or so. Please wait outside the door over there.

T :   Thank you.

Part 5　滞在先の家族の元に向かう

26. 案内所で

> シャトルバスは、しばしば来ますか？

タカシは、ポートコロンブス空港に到着した。空港内のホテル案内所に行って、どうやって自分のホテルに行ったらよいか係員（clerk ク）に聞く。

タ：　すみません。どうやってハンプトン・インに行ったらいいんですか。
ク：　ハンプトン・インはこの町にいくつかあります。空港の近くのですか。
タ：　はい、そうです。
ク：　送迎用のシャトルが来ますよ。
タ：　シャトルバスは、しばしば来ますか。
ク：　15分おきかそれくらいに来ます。あそこのドアの外でお待ちください。
タ：　ありがとう。

注　courtesy shuttle　　courtesy は、「無料の」という意味。ホテルがサービス用に、無料で空港とホテルの間を何度も往復しているバスを courtesy shuttle という。
　　the Hampton Inn　　大きなホテルチェーンのひとつで、シンシナチの町にもいくつかある。

Part 5 Getting to the House

27. Informing Your Host Family of Your Arrival

> **I have just arrived in Columbus.**

Takashi has just arrived at his hotel near Port Columbus International Airport. He calls his host family and talks to Diane, his host mother.

T : Hello. Is this the Taylor residence?

D : Yes, it is.

T : This is Takashi Suzuki. **I have just arrived in Columbus.**

D : Oh, hi, Takashi! We're looking forward to meeting you. When will you be coming?

T : I'll take the 9 o'clock bus to Cincinnati and it should arrive there around 12:30.

D : We'll be waiting for you.

27. ホストファミリーに、到着時刻を知らせる

> コロンブスにちょうど着きました。

タカシは、ポートコロンブス国際空港の近くのホテルに到着したばかりである。彼はホストファミリーに電話をし、ホストマザーのダイアンと話をする。

タ： もしもし、テイラーさんのお宅ですか。
ダ： はい、そうです。
タ： 鈴木タカシです。**コロンブスにちょうど着きました。**
ダ： やあ、タカシ！　会えるのを楽しみにしてるのよ。いつ来れるの？
タ： 9時のバスでシンシナチに行くので、12時30分くらいにはそこに着くはずです。
ダ： みんなであなたを待っています。

注
inform ... of ~	... に～のことを知らせる
residence	住居、家

ちょっとひと言

ホームステイ家族は、空港で出迎えてくれることが多いが、都合が悪いときには、自分でホームステイする家族の家まで行かなくてはならないこともある。こんなときは、自分のいる場所、交通手段、到着時刻を家族に知らせるとよい。

Part 6 Arriving at the House

28. Shoes in the House

Where should I leave my shoes?

Takashi has just arrived at the Taylor residence. He asks Bert about taking off his shoes.

T : Bert, **where should I leave my shoes?**
B : Just come in with your shoes on.
T : Really? In Japan, we always take off our shoes.
B : Leave them on, but you could wipe them off on the mat.
T : OK. You mean this one just outside the door?
B : Yes.

Part 6 滞在先の家族の元に到着

28. 靴のこと

> 靴をどこに置いたらいいんですか？

タカシは、テイラー家に着いたばかりである。彼は、バートに靴のことで質問する。

タ： バート、**靴**はどこに置いたらいいんですか。
バ： 靴は履いたまま入っていいんですよ。
タ： 本当ですか。日本ではいつも脱ぎます。
バ： 脱がなくていいんですよ。でも、マットで汚れをぬぐうといいね。
タ： わかりました。ドアの外にあるこのマットですね。
バ： そうだよ。

注
take off	（靴など）を脱ぐ
with your shoes on	靴を履いたままで
wipe	ぬぐう

ちょっとひと言

アメリカの家庭では、ほとんどの場合、家の中では靴は履いたままである。ドアの外にマットがあるので、特に泥がついているようなときは、マットで泥をこすりとればよい。

Part 6 Arriving at the House

29. Meeting More Members of the Family

> **Can I ask what you do?**

Takashi has just arrived at the Taylor residence. Diane introduces her daughter Kris to Takashi.

K : It's really nice to meet you, Takashi. Welcome to our home.
T : Do you live here in Cincinnati?
K : No, I live in Texas now. I'm just visiting my parents for a few days.
T : **Can I ask what you do** in Texas?
K : I'm sales representative for a company in Houston.
T : That sounds interesting.

Part 6　滞在先の家族の元に到着

29. ほかの家族の人々に会う

> どんな仕事をしているか聞いてもいいですか？

タカシは、テイラー家に着いたばかりである。ダイアンが娘のクリスをタカシに紹介する。

ク： タカシ、会えて本当にうれしいわ。わが家によく来てくれましたね。
タ： あなたはこのシンシナティに住んでいるんですか。
ク： いいえ、私は今テキサスに住んでいます。2～3日、両親を訪れているだけです。
タ： テキサスでどんな仕事をしているか聞いてもいいですか。
ク： 私はヒューストンの会社で、セールスの外交員をしています。
タ： それはおもしろそうですね。

注　representative　　外交員
　　　Houston　　　　　テキサス州の工業都市で、NASAの宇宙センターがある。

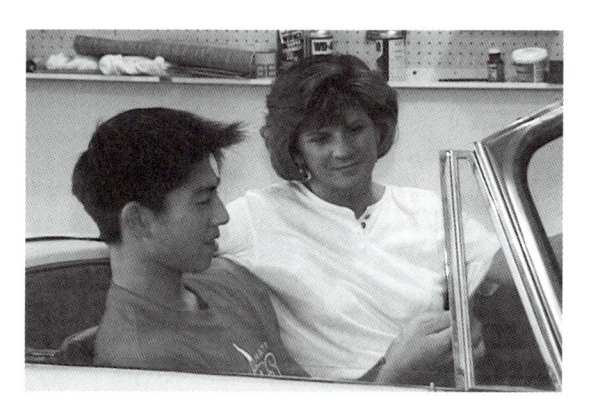

ちょっとひと言

Kris は Chris と綴られることも多いが、Diane の娘の名前は Kris と綴る。Chris は、男女共通の名前でもある。これはそれぞれ Christopher, Christine の省略形である。

Part 6   Arriving at the House

30. Impressions of the House

> **You really have a beautiful home.**

Diane takes Takashi on a tour of the house. Takashi gives his impressions.

D :   Takashi, let me show you our home. This is our kitchen, over there is our dining room.
T :   **You really have a beautiful home.**
D :   I'm glad you like it. Let's go upstairs and look at your room.

Diane and Takashi go upstairs.

D :   This is your room. Here is a closet for you to hang your clothes.
T :   Gee! I really like this room. Thank you.
D :   Just make yourself at home.

Part 6　滞在先の家族の元に到着

30. 家の印象

> 本当にきれいなお家ですね。

ダイアンはタカシに家の中を案内する。タカシは印象を述べる。

ダ：　タカシ、家の案内をしましょう。これが台所で、あちらが食堂です。
タ：　**本当にきれいなお家ですね。**
ダ：　気に入ってもらってうれしいわ。さあ、二階に行って、あなたの部屋を見ましょう。

ダイアンとタカシは二階に上がる。

ダ：　これがあなたの部屋よ。これが押入で、洋服を入れたらいいわ。
タ：　うわー！　この部屋は大変気に入りました。ありがとう。
ダ：　どうぞ、気楽にして。

注
impressions	印象
upstairs	二階
closet	押入
hang	つるす
Gee!	うわー！　Geeは、Jesusの婉曲的表現で、「軽い驚き、賞賛」といった気持ちを表し、女性が好んで使う。これに対応する男性的表現は、by Godである。

Just make yourself at home. = Take it easy; Relax

ちょっとひと言

▎アメリカはほめる文化の国である。家の案内を受けたら、ほめることを忘れないように。

Part 7 Around the House

31. Helping Yourself (1)

Track 18

> **May I use the microwave when I want to warm up some food?**

Diane takes Takashi on a tour of the house. Diane shows him her kitchen.

D : Takashi, this is our kitchen. This is the microwave, and this is the refrigerator and that is the dishwasher.

T : Your kitchen has everything.

D : Whenever you feel hungry, just help yourself to anything here in the refrigerator.

T : **May I use the microwave when I want to warm up some food?**

D : Sure. Let me show you how it works.

T : Thank you.

Part 7　家の中で

31. 自分で勝手に食べる（1）

> 食べ物を温めたいとき、オーブンを使ってもいいですか？

ダイアンは、タカシに家の中を案内する。台所を見せる。

ダ： タカシ、これが台所です。オーブンと冷蔵庫、それに食器洗い機です。
タ： 台所はすべて整っているんですね。
ダ： おなかがすいているときは、冷蔵庫の中のものを勝手に召し上がってね。
タ： **食べ物を温めたいとき、オーブンを使ってもいいですか。**
ダ： もちろんよ。どうやって使うか教えましょう。
タ： ありがとう。

注　help yourself　　勝手に食べる
　　　refrigerator　　　冷蔵庫（長い単語で発音しにくいので、特にイギリス英語ではfridgeということが多い）

ちょっとひと言

Help yourself to anything in the refrigerator.と言われたら、遠慮なく、冷蔵庫をあけてよい。自分の家のものと同じように使おう。

Part 7   Around the House

32. Helping Yourself (2)

> **In the future, I'll be more careful.**

It is breakfast time. Diane looks in the refrigerator, finds no milk and talks with Takashi.

D : Takashi, is there any more milk left?

T : I'm sorry, there was just a little left and I drank it last night.

D : Well, we can't have cereal this morning because we don't have any milk. Can I fix you some eggs instead?

T : Eggs will be great. I'm sorry about the milk.

D : Oh, don't worry about it. We can pick up some milk at the store this afternoon.

T : Thank you, Diane. **In the future, I'll be more careful** about leaving enough for breakfast.

32. 自分で勝手に食べる (2)

> これからは、もっと気をつけます。

朝食のとき、ダイアンが冷蔵庫をあけると、ミルクがまったくない。ダイアンがタカシと話す。

ダ： タカシ、ミルクはまだ残っている？
タ： ごめんなさい。ちょっとしか残っていなかったので、夕べ飲んでしまいました。
ダ： 今朝はミルクがないから、シアリアルが食べれないわ。代わりに卵を料理するわね。
タ： 卵でいいですよ。ミルクのことはごめんなさい。
ダ： 心配しないで。今日の午後、店でミルクを買うわ。
タ： ありがとう、ダイアン。朝食用に残すよう、これからはもっと気をつけます。

注 pick up　　　手に入れる
　　　in the future　将来、これから

ちょっとひと言

冷蔵庫の中のものを勝手に食べるように言われたとき、ミルクなど残りが少なくなってきたら、ホストファミリーにその旨伝えておくとよい。また、朝食で必要なものは、残しておきたい。

Part 7 Around the House

33. Doing the Laundry

Track 19

> **Could you show me how to use the washer?**

Takashi has some dirty clothes to wash. He asks Diane how to use the washer.

T : Diane, I'd like to wash some clothes. **Could you show me how to use the washer?**

D : Sure. First, put your clothes in here and add a cup of detergent. What kind of clothes will you be washing?

T : Just underwear and some socks.

D : Turn both these knobs: one is for hot water and the other is for cold water. Set this knob on wash-and-wear and set this one for a small load.

T : I got it. Thank you.

D : Just let me know if you have any trouble.

33. 洗濯をする

> 洗濯機の使い方を教えてくれませんか？

タカシは、洗濯する汚れた服がある。彼は、ダイアンに洗濯機の使い方を聞く。

タ： ダイアン、服を洗いたいんです。**洗濯機の使い方を教えてくれませんか。**

ダ： いいですよ。最初に服をここに入れて、洗剤を1カップ入れます。どんな服を洗うの？

タ： 下着と靴下だけです。

ダ： ふたつのつまみを回します。ひとつは熱いお湯用で、もうひとつは冷たい水用です。このつまみをwash-and-wearに会わせ、これは「少量」に会わせます。

タ： 分かりました。ありがとう。

ダ： 困ったら言ってね。

注　detergent　　　洗剤
　　knobs　　　　　つまみ（knobのkは発音しない）
　　small load　　　少量
　　I got it.　　　　I got it. のかわりに I've got it. あるいは I get it. のように言ってもよい。くだけた表現では I gottcha. とも言う。形のうえでは過去形、現在完了、現在形とさまざまであるが、I understand や I understood. の意味として使われる。

> ちょっとひと言

ホームステイをしたら、洗濯も自分でしよう。ただ、場所によっては、条例で、洗ったあとは外に干してはいけないことになっているところもある。この場合には、乾燥機を使って乾かすことになる。電気料などのことも考えて、必要以上に乾燥機を回さないようにしたい。

Part 7 Around the House

34. Vacuuming

> **Where do you keep the vacuum cleaner?**

Takashi wants to vacuum his room. He asks Diane where the vacuum cleaner is.

T :   Diane, I'd like to clean my room. **Where do you keep the vacuum cleaner?**

D :   Oh, it's in that closet. The hose and attachments are hanging on the wall.

Takashi takes the vacuum cleaner out of the closet.

T :   Do I just attach the hose here?
D :   Yes, that's the way.

Takashi shows Diane the carpet attachment.

T :   Do I use this brush when I want to clean the carpet?
D :   That's right.

34. 掃除機で掃除をする

> 電気掃除機はどこに置いていますか？

タカシは、自分の部屋を掃除したい。彼はダイアンに電気掃除機がどこにあるか聞く。

タ： ダイアン、部屋をきれいにしょうと思います。**電気掃除機はどこに置いていますか。**
ダ： ああ、あそこの物入れの中よ。ホースや付属品は壁にかけているわ。

タカシは物入れから電気掃除機を取り出す。

タ： ホースはここにとりつけるんですか。
ダ： ええ、そうよ。

タカシはダイアンにカーペットの付属品を見せる。

タ： カーペットをきれいにするときは、このブラシを使うんですか。
ダ： そうです。

注
vacuum cleaner 電気掃除機
attachment 付属品
attach ～を付着する

> **ちょっとひと言**

自分の部屋だけではなくて、気を利かせて、他の場所や部屋も掃除してあげるようにするとよい。とくに共働きのうちでは、掃除を手伝ってあげることもおおきな手助けとなる。

Part 7   Around the House

35. Getting Permission to Use the Phone

> **I'm wondering if I could use your phone.**

Takashi wants to call his family in Japan. He asks Bert if he can use their phone.

T : Bert, I'd like to call my family in Japan. **I'm wondering if I could use your phone.**
B : Sure, use the one in the living room.
T : Thank you, but how should I pay for the call?
B : All international calls will be itemized in our phone bill. So please pay us when we get the bill.
T : OK. I'll try to keep my call short.
B : Don't be afraid to use the phone whenever you need to.

35．電話を使う許可を得る

> 電話を使わせてもらっていいですか？

タカシは、日本の家族に電話をしたい。彼はバートに電話を使っていいか聞く。

タ： バート、日本の家族に電話をしたいんですが、**電話を使わせてもらっていいですか。**
バ： もちろん。居間の電話を使ってください。
タ： ありがとう。電話代はどうやって払ったらいいですか。
バ： 国際電話は、電話の請求書に箇条書きにされるから、請求書をもらったときでいいわ。
タ： わかりました。長電話はしないようにします。
バ： 必要なときは、遠慮なく電話を使っていいですよ。

注 I'm wondering if …　「～してもいいですか」という許可を願うときの、丁寧な表現。
　　 itemize　　　　　を項目に分ける、箇条書きにする
　　 bill　　　　　　　請求書

ちょっとひと言

電話を使うときには、先ず、家族の許可を得よう。特に長距離電話をするときには、その旨、承諾を得たい。また、電話をするときは、ホームステイ先の人々のことも配慮して、できるだけ手短に話すようにしよう。

Part 7 Around the House

36. Making a Collect Call

> **I'd like to make a collect call to Japan.**

Takashi wants to make a collect call to his family in Japan. He dials the operator.

T : Operator, **I'd like to make a collect call to Japan.**
O : Certainly, sir. May I have the name and phone number of the party you would like to call?
T : OK. I'd like to call Masataka Suzuki in Tokyo at 03-3263-1515.
O : May I have your name and phone number, please?
T : Sure. My name is Takashi Suzuki at 513-451-6731.
O : Just a moment. I'll connect you.

Part 7　家の中で

36．コレクトコールをする

日本に、コレクトコールをしたいのですが。

タカシは、日本にいる自分の家族にコレクトコールをかけたい。交換手（operator オ）に電話をかける。

タ：　日本に、コレクトコールをしたいのですが。
オ：　かしこまりました。お話しなさりたい方のお名前と電話番号をお願いします。
タ：　はい。鈴木正隆で、電話は 03-3263-1515 です。
オ：　あなたのお名前と電話番号をお願いします。
タ：　わかりました。私の名前は鈴木タカシで、電話番号は 513-451-6731 です。
オ：　ちょっとお待ちください。おつなぎします。

注　　collect call　　コレクトコール（電話を受ける方が支払う電話の方法）
　　　party　　　　　相手
　　　connect　　　　つなぐ

ちょっとひと言

交換手を通さず直接電話をすると、電話料金は安い。この場合、アクセス番号が必要になる。KDDの場合は、001である。日本に掛けるには、まず、このアクセス番号001を回し、次に81（country code）、そして最後に電話番号を回す。

Part 7 Around the House

37. Receiving a Call (1)

> **I'll call her to the phone.**

Takashi is at the Taylor residence. The phone rings and Takashi answers it. Takashi talks with the caller.

T :   Hello.
C :   Hello. May I speak to Diane, please?
T :   Sure. Just a moment, please. **I'll call her to the phone.**

Takashi goes to Diane and tells her to come to the phone.

T :   Diane, someone wants to talk to you on the phone.

Takashi comes back to the phone.

T :   Diane's coming soon.
C :   By the way, are you the boy from Japan?
T :   Yes, I'm Takashi Suzuki. Oh, here's Diane.
C :   Thank you, Takashi. I hope I'll have a chance to meet you in the future.

Part 7　家の中で

37．電話を受ける（1）

> 電話に出るように言います。

タカシは、テイラー家にいる。電話が鳴ってタカシが出る。タカシは電話の主（caller コ）と話をする。

タ：　もしもし。
コ：　もしもし、ダイアンはいますか。
タ：　ええ、ちょっとお待ちください。**電話に出るように言います。**

タカシはダイアンのところに行って、電話に出るように言う。

タ：　ダイアン、どなたか電話で話したいようです。

タカシが電話に戻ってくる。

タ：　ダイアンはすぐ来ます。
コ：　ところで、あなたは日本から来た方ですか。
タ：　はい、そうです。私は鈴木タカシと言います。ああ、ダイアンが来ました。
コ：　タカシ、ありがとう。いつか会えるといいですね。

注　caller　　　　　電話をかける人
　　　have a chance to ~　～する機会がある

> ちょっとひと言

電話がかかってきたら、少し待って、家の人がでないようだったら受話器をとろう。電話に出るのも勉強のひとつ。

Part 7　Around the House

38. Receiving a Call (2)

She's out now. May I take a message?

Takashi is at home at the Taylor residence. The phone rings and Takashi answers it. Takashi talks with the caller.

C :　Hello. May I speak to Diane, please?
T :　I'm sorry, **she's out now. May I take a message?**
C :　Sure. Just tell her that Jane called.
T :　All right. I'll give Diane the message.
C :　Thank you. I'll call her back tonight.
T :　I'll tell her when she gets back.

38. 電話を受ける (2)

> 彼女は外出しています。ご伝言がありますか？

タカシはテーラー家にいる。電話が鳴ってタカシが出る。タカシは電話の主（caller コ）と話をする。

コ： もしもし、ダイアンはいますか。
タ： ごめんなさい。**彼女は外出しています。ご伝言がありますか。**
コ： ええ、ジェーンから電話があったことを伝えてください。
タ： わかりました。ダイアンに伝えます。
コ： ありがとう。今晩電話をします。
タ： ダイアンが戻ってきたら、そう伝えます。

注 message　　　　伝言
　　 get back　　　come back と同じ意味だが、come back より少しくだけた言い方。

```
To Diane,
Jane called.
            From Takashi
```

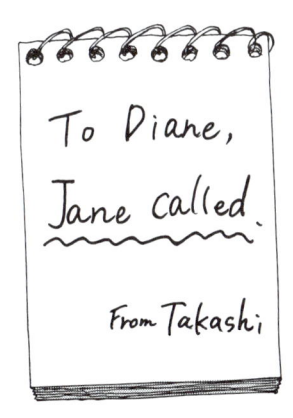

ちょっとひと言

電話がかかってきて受話器をとるときは、用件を正確に伝えるためにメモをとっておこう。数字を伝えるときには、特に注意したい。

Part 7   Around the House

39. Watching TV (1)

> **What's on TV tonight?**

Takashi is in the living room. He talks with Diane's daughter Kris.

T :   Kris, **what's on TV tonight?**
K :   Well, there's a Reds baseball game at seven.
T :   Who are they playing against?
K :   They're playing against the Houston Astros.
T :   You're originally from Cincinnati, aren't you Kris, and you're now living in Houston. Which team do you want to win?
K :   That's a hard question. I like both teams.

Part 7　家の中で

39. テレビを見る (1)

> 今晩はテレビで何がありますか？

タカシは居間にいる。タカシはダイアンの娘のクリスと話をしている。

タ：　クリス、今晩はテレビで何がありますか。
ク：　そうね。7時に、レッズの野球の試合があるわ。
タ：　レッズはどこのチームと対戦するんですか。
ク：　ヒューストンアストロズとだわ。
タ：　クリス、もともとあなたはシンシナティの出身で、今はヒューストンに住んでいますね。どっちのチームを応援しますか。
ク：　難しい質問ね。両方のチームが好きよ。

注　Reds　　　　　　　シンシナティに本拠地のある大リーグの名前。
　　　the Houston Astros　テキサス州にある大リーグの名前。

ちょっとひと言

テレビをホームステイの家族と一緒に見ながら会話をするのは、くつろげるひとときである。積極的に会話に加わるようにしたい。

Part 7   Around the House

40. Watching TV (2)

Track 22

> **What's your favorite program?**

Takashi is in the living room. He talks with Diane's daughter Kris.

T : Kris, you watch TV quite a bit. **What's your favorite program?**
K : Well, I can't think of one offhand, but I like comedy shows.
T : I watched *I Love Lucy* yesterday and got a kick out of it.
K : That's an old program. I used to watch it when I was a kid.
T : Do you have a favorite comedy show?
K : Yes, the comedy *Friends is* one of my favorite programs.

40. テレビを見る（2）

> 一番好きな番組は何ですか？

タカシは居間にいる。タカシはダイアンの娘のクリスと話をしている。

タ： クリス、テレビはよく見ますね。**一番好きな番組は何ですか。**
ク： そうですね。とっさには言えないけど、コメディーショーが好きです。
タ： 私はきのう『ルーシーショー』を見て、本当に面白かった。
ク： それは古い番組です。子供のころそれをよく見ました。
タ： 一番好きなコメディーはありますか。
ク： ええ、『フレンド』という番組が一番好きです。

注
quite a bit	たくさん
offhand	とっさに
got a kick out of it	本当に楽しんだ
Friends	非常に人気のあるコメディーショー

ちょっとひと言

アメリカでは、古いテレビ番組でも人気のあるものはしばしば再上映される。映画の中では『カサブランカ』が最も再上映される回数が多い。

Part 8 At Mealtime

41. Saying Grace before a Meal

Track 23

> **Should I also say a prayer?**

Takashi is about to have dinner with the Taylors at home. Bert talks with Takashi.

B : We have a custom at our home. We say a short prayer before dinner each night.

T : What should I do?

B : Please bow your head and join hands with us.

T : **Should I also say a prayer?**

B : No, Takashi. Just listen to our little prayer.

T : All right.

B : Almighty Father in Heaven, we thank You for all Your blessings, for this wonderful food and for giving us the joy of having Takashi stay at our home. Amen.

Part 8 食事のとき

41. 食事の前にお祈りする

> 私もお祈りをすべきですか？

タカシは、テイラー家でディナーを食べようとしている。バートがタカシに話す。

バ： タカシ、私たちの家では、毎晩ディナーの前に、ちょっとお祈りをする習慣があるんですよ。

タ： 私はどうしたらいいんですか。

バ： 頭を下げて、私たちと一緒に手を合わせたらいいですよ。

タ： **私もお祈りをすべきですか。**

バ： いいえ、タカシ。私たちのお祈りを聞くだけでいいですよ。

タ： わかりました。

バ： 天にいます全能の神様、この幸せ、このすばらしい食べ物、また、タカシを私たちの家にあずかる喜びを与えてくださいまして、感謝いたします。アーメン。

注
say grace	お祈りをする
say a prayer	お祈りをする
bow [bau]	頭を下げる
almighty	全能の
blessing	幸せ
Amen	So be it!「かく、あらせたまえ」の意。

ちょっとひと言

ホームステイ家族によっては、食事の前にお祈りするところもある。家族がお祈りをするときは、頭を下げ、手を合わせてお祈りのことばをじっと聞いていればよい。

Part 8 At Mealtime

42. Complimenting the Food

> **It sure tastes good!**

Takashi is watching TV in the living room. Diane is cooking dinner in the kitchen.

D :   Dinner's ready, Takashi!
T :   I'm coming.

Takashi enters the dining room.

D :   We're having ham for dinner tonight.
T :   That's my favorite.
D :   Oh, I'm glad to hear that.
T :   It sure smells good.
D :   I hope you like it.

Diane puts some ham on Takashi's plate and Takashi takes a bite.

T :   **It sure tastes good!** I love it.
D :   Thank you.

42．食事をほめる

> 本当においしい。

タカシは、居間でテレビを見ている。ダイアンが台所で料理をしている。

ダ： ディナーができたわ、タカシ。
タ： 今、行きます。

タカシがダイニングルームに入る。

ダ： 今夜は、ディナーにハムを食べますよ。
タ： 私の大好物です。
ダ： それはよかった。
タ： いい匂いがしますね。
ダ： 気に入ってもらうといいけど。

ダイアンはタカシの皿にハムを置く。タカシは少し食べる。

タ： **本当においしい！**大好きです。
ダ： ありがとう。

注
compliment　　　　ほめる
the dining room　　食堂
ham　　　　　　　ハム（単複同形）

ちょっとひと言

ホームステイ先で、ホストマザーに作った料理をほめることは大切なマナーである。(1) 食べる前に「おいしそう」(2) 食べながら「おいしい」(3) 食べた後「おいしかった」の"3点セット"を言うとよい。

Part 8   At Mealtime

43. Asking Someone to Pass Food

> **Could you pass me the bread, please?**

Takashi is having dinner with the Taylors in the family dining room.

T :   Everything tastes great.
D :   I'm glad you like it.
T :   Diane, **could you pass me the bread, please?**
D :   Sure, Takashi. Here you are.
T :   Thank you. And may I have a second bowl of soup?
D :   Sure. Just go into the kitchen and help yourself.

Part 8　食事のとき

43．食べ物をとってもらう

> パンをとってくれませんか？

タカシは、テイラー家の人々と食堂で食事をしている。

タ：　本当にみな美味しいです。
ダ：　気に入ってもらってうれしいわ。
タ：　ダイアン、パンをとってくれませんか。
ダ：　はい、タカシ。どうぞ。
タ：　ありがとう。スープをおかわりしていいですか。
ダ：　もちろん。台所にいって、勝手に召し上がれ。

注　pass　　　　　　　　食べ物を取ってもらう
　　a second bowl of soup　2杯目のスープ

ちょっとひと言

アメリカでは、人前にある食べ物に手を差し伸べるのは、マナーに反する。必ずほかの人に頼んで取ってもらうようにすること。

Part 8   At Mealtime

44. Declining an Offer

Track 24

> **No, thank you.**

Takashi is having dinner with the Taylors in the family dining room. Diane talks with Takashi.

D : Would you like some coffee, Takashi?
T : **No, thank you.** Coffee often keeps me awake at night.
D : I understand. Then can I get you some milk?
T : That sounds great.
D : We can have coffee with breakfast tomorrow morning.
T : That'll be fine.

44. すすめを断る

> いいえ、結構です。

タカシは、ダイニングルームでテイラー家の人々と食事をしている。ダイアンがタカシに話しかける。

ダ： コーヒーをもう少しどう、タカシ。
タ： **いいえ、結構**です。コーヒーを飲むと、夜眠れないときがありますので。
ダ： わかったわ。かわりにミルクはどう？
タ： お願いします。
ダ： コーヒーは、明日の朝、飲みましょう。
タ： お願いします。

ちょっとひと言

食べ物や飲み物ををすすめられたとき、食べたくなかったり、飲みたくなければ、正直に断ってよい。しかし、断るときには、No. だけではなく、thank you をつけて、感謝の気持ちを表すことが大切である。

Part 8 At Mealtime

45. When You Feel Full

> **I'm getting full.**

Takashi is having dinner with the Taylors in the family dining room. Bert talks with Takashi.

B : Takashi, would you like some more ham?
T : Everything's wonderful, but **I'm getting full.**
B : Please don't force yourself. Remember, we're having ice cream for dessert.
T : Well, in that case, I'd better leave room for ice cream.
B : Then, why don't we wait a while before having dessert?
T : Good idea!

45. おなかが一杯になったとき

> もうおなかが一杯です。

タカシは、テイラー家の人々と食堂でディナーを食べている。バートがタカシに話しかける。

バ： タカシ、もっとハムはどう？
タ： みんな美味しいですが、もうおなか一杯です。
バ： 無理はしないほうがいいでしょう。デザートにアイスクリームもあるからね。
タ： そうでしたら、アイスクリームのために（胃袋を）すこし空けておきます。
バ： それじゃ、デザートを食べる前に少し時間をあけよう。
タ： いい考えですね。

注　get full　　　　おなか一杯になる
　　　 dessert　　　　デザート（desert は「砂漠」）
　　　　　　　　　　　紛らわしい2つの単語を覚えるのにいい方法がある。dessertはカロリーが多いからsが2つ、desertは水が少ないからsが1つと覚えておくとよい。

ちょっとひと言

アメリカの家族では、食事のあと、デザートを食べることが多い。皆と一緒にデザートを楽しめるよう、少し胃袋に余裕をもたせておこう。もし、デザートが手作りのものであれば、必ず、ほめることを忘れずに！

Part 8   At Mealtime

46. At Breakfast

> **Sunny-side up, please.**

Takashi has sat down at the kitchen table for breakfast. Diane talks to Takashi.

D :   Are you ready for breakfast, Takashi?
T :   Sure. What are we having this morning?
D :   Well, how about some eggs and toast?
T :   Great!
D :   How would you like your eggs, Takashi?
T :   Well, **sunny-side up, please.**
D :   All right. They'll be ready in a couple of minutes.

46．朝食で

> 目玉焼でお願いします。

タカシは、朝食をするために台所の食卓に座った。ダイアンがタカシに話しかける。

ダ： タカシ、もう朝食は食べれる？
タ： はい。今朝は何ですか。
ダ： トーストとエッグはどう？
タ： いいですね。
ダ： 卵はどのようにする、タカシ？
タ： そうですね。**目玉焼でお願いします**。
ダ： わかりました。２〜３分でオーケーよ。

注 sunny-side up 　　目玉焼き

ちょっとひと言

卵を食べるときは、どのように料理するかを聞かれる。卵の料理の仕方については、sunny-side up（目玉焼き）のほか、次のような料理法がある。

scrambled	炒り卵
poached	落とし卵
over easy	両面をやわらかく焼く
hard-boiled	かたゆで

Part 8   At Mealtime

47. Cleaning Up

Track 26

> **Let me wash the dishes this morning.**

Takashi has just finished breakfast. He would like to help Diane wash the dishes.

D : How was your breakfast, Takashi?
T : It was wonderful. Diane, **let me wash the dishes this morning.**
D : Thank you, but that won't be necessary. I'll do it.
T : Then, let me take the dishes and put them in the sink.
D : That's very sweet of you, Takashi. Just put them in the dishwasher.
T : Should I put them in like this?
D : That'll be fine.

47．きれいにする

> 今朝は私が皿を洗いましょう。

タカシは、朝食を終えたばかりである。彼はダイアンが皿を洗うのを手伝いたい。

ダ： 朝食はどうだった、タカシ？
タ： 大変おいしかったですよ。ダイアン、**今朝は私が皿を洗いましょう**。
ダ： ありがとう。でもその必要はないわ。私がやるから。
タ： それじゃ、皿を下げてシンクに入れます。
ダ： やさしいわね、タカシ。皿洗い器の中に入れるだけでいいわ。
タ： こんな風に入れたらいいんですか。
ダ： それでいいわ。

注　take the dishes　（よごれた皿を）テーブルから下げる
　　　sweet　　　　　　やさしい

ちょっとひと言

食事が終わったら、自分の皿をシンクに運んだり、皿洗い器にきちんと入れたりする手助けはしたい。ほかの人のものも下げてあげるようにする気配りをするとなおよい。アメリカ人は、洗う皿の量が少なければ、その都度皿を洗わない。皿洗い器がかなり汚れた皿で満たされるまで置いておく。それぞれの家庭の習慣をはやく知っておきたい。

Part 9 Eating Out

48. Ordering Fast Food

> **It's to go, please.**

Takashi is at the counter of a fast food restaurant. He talks to the clerk.

C : What would you like today, sir?
T : I'd like to have a hamburger and some coffee.
C : Large, medium, or small coffee?
T : Small, please.
C : Is this for here or to go?
T : **It's to go, please.**

Part 9 外食する

48. ファーストフードを注文する

> 持ち帰りをお願いします。

タカシはファーストフードの店のカウンターにいる。彼は係りの人（clerk　ク）と話をする。

ク：　今日は何にしますか。
タ：　ハンバーガーひとつとコーヒーをお願いします。
ク：　コーヒーは、ラージ、ミデイアム、スモールのどれにしましょう。
タ：　スモールをください。
ク：　ここで食べますか。それとも、お持ち帰りにしますか。
タ：　持ち帰りをお願いします。

注
to go　　　　　　　　　持ち帰ること
large, medium, small　　ドリンクを入れる紙容器のサイズで「大」「中」「小」
for here　　　　　　　　その場で食べること

（イラスト：It's to go, please）

ちょっとひと言

アメリカのドリンク用の紙コップのサイズは、日本のものよりもはるかに大きい。人の体に比例して、紙コップも大きいということか。

Part 9   Eating Out

49. Making a Restaurant Reservation

Track 27

> **I'd like to reserve a table for three for tonight.**

Takashi wants to treat Diane and Bert to dinner. He calls a restaurant to reserve a table. He talks to the reservations person.

R :   The Golden Dragon. May I help you?
T :   I'd like to reserve a table for three for tonight.
R :   What time are you coming?
T :   Would seven thirty be all right?
R :   Let's see. Yes, we have a table at that time. May I have your name, please?
T :   Suzuki. S-U-Z-U-K-I.
R :   Thank you very much. You're all set.

49．レストランの予約をする

> 今晩、3人のテーブルを予約したいのですが。

タカシは、ダイアンとバートにデイナーをご馳走したい。彼はテーブルを予約するために、レストランに電話をする。予約の係り（reservations person レ）と電話で話す。

レ： ゴールデンドラゴンです。どういうご用件でしょうか。
タ： 今晩、3人のテーブルを予約したいのですが。
レ： 何時にいらっしゃいますか。
タ： 7時30分でいいでしょうか。
レ： ちょっとお待ちください。はい、その頃はテーブルがございます。お名前をお願いします。
タ： 鈴木です。つづりは、S－U－Z－U－K－Iです。
レ： ありがとうございました。ご予約は整いました。

ちょっとひと言

今夜、4人のテーブルであれば、a table for four for tonight となり、似通った音が続く。また、「二時二分前」は at two to two という。似通った音が続く二つの表現の発音練習をしてみよう。

Part 9   Eating Out

50. Arriving at the Restaurant

> **We have a reservation for three at seven thirty.**

Takashi has reserved a table at a restaurant for Diane, Bert and himself. He talks with the reservations person at the door.

T : **We have a reservation for three at seven thirty.**
H : May I have your name, please?
T : Suzuki. Takashi Suzuki.
H : Mr. Suzuki. Let me check my list... All right. Please come this way.

The hostess leads them to their table.

H : We've reserved a nice table for you in the corner. A server will be with you in a moment.
T : Thank you.

Part 9　外食する

50．レストランに着く

> 7時30分に3人で予約しています。

タカシは、ダイアンとバート、それに自分の3人用のテーブルをレストランに予約している。ドアで、予約の係り（reservations person レ）と話をする。

タ：　7時30分に3人で予約をしています。
レ：　お名前をお願いします。
タ：　鈴木です。鈴木タカシです。
レ：　鈴木さんですね。リストを調べてみます。ありました。こちらにいらしてください。

係りの人が3人をテーブルに案内する。

レ：　角のいい席をご用意しております。給仕係りがすぐ参ります。
タ：　ありがとう。

注　server　　　　　給仕係り

ちょっとひと言

最近では、waiter や waitress ということばを使わず、代わりに server という語を使う。-ess は、女性を差別する蔑視用語ということで、-ess を含む語は、男女の性を表さない、中性的な語にとって代わる傾向が強い。しかし、レストランで予約の確認をして、席まで案内する女性は現在でも hostess という語を使っている。

Part 9   Eating Out

51. Deciding Your Order

> **Could we have a few minutes to look over the menu?**

Takashi and the Taylors have been seated at a restaurant. A server comes to their table and hands them a menu.

S :   Good evening. How are you all tonight?
T :   We are fine, thank you.
S :   What would you like to have tonight?
T :   **Could we have a few minutes to look over the menu?**
S :   Fine. I'll be back in a moment.
T :   Could you bring us some Chinese tea when you come back?

51. 注文を決める

> メニューを見ますので、ちょっと時間をもらえますか？

タカシとテイラー家の人々は、あるレストランに座っている。給仕係り（server サ）がやってきて、彼らにメニューを渡す。

サ： いらっしゃいませ。今晩はみなさん、御機嫌いかがですか。
タ： ありがとうございます。みんな元気ですよ。
サ： 今晩は、何を召し上がりますか。
タ： メニューを見ますので、ちょっと時間をもらえますか。
サ： 承知しました。すぐ、戻って参ります。
タ： 来られたときに、中国茶をお願いします。

注 　look over　　（メニューなどに）ざっと目を通す
　　　 hand　　　　　〜を手渡す

ちょっとひと言

▍メニューに目を通す時間がほしいときには、遠慮なく、その旨伝えるとよい。

Part 9 Eating Out

52. Asking About a Dinner

> **What comes with the Mongolian beef dinner?**

Takashi, Diane and Bert are seated at a table in a restaurant. A server comes to their table and hands them a menu.

S : Are you ready to order?
T : **What comes with the Mongolian beef dinner?**
S : That comes with a bowl of rice, some pot stickers and some broccoli.
T : That's a new one on me. What is a pot sticker?
S : It's a dumpling with meat and vegetables inside.
T : OK. We'll have three Mongolian beef dinners.

A. SPECIAL DINNER

$7.95 Per Person
Soup: WON TON SOUP
Appetizers: CRAB PUFFS & EGG ROLL
Entrees: Select One For Each Person

1. SWEET AND SOUR PORK
2. ALMOND CHICKEN
3. BEEF WITH BROCCOLI
4. TWICE COOKED PORK
5. SHRIMP CHOP SUEY
6. EGG FOO YOUNG
   (chicken, beef or pork)

52. ディナーについて聞く

> モンゴリアンビーフには何がついていますか？

タカシとダイアンとバートはレストランの席に座っている。給仕係り（server）がやってきて、メニューを3人に手渡す。

- サ： ご注文はおきまりですか。
- タ： モンゴリアンビーフには何がついていますか。
- サ： ご飯と、ポットスティッカーと、ブロッコリーがついております。
- タ： 新しいものがついていますね。ポットスティッカーとは何ですか。
- サ： それは肉と野菜が中に入っている団子です。
- タ： わかりました。3人とも、モンゴリアンビーフにします。

注　Mongolian beef　　蒙古風ビーフ（塩味ベース）
　　pot sticker　　　　塩味ベースのぎょうざの一種
　　a bowl of rice　　　ご飯一杯
　　dumpling　　　　　団子

ちょっとひと言

メニューの内容がよくわからないときには、サーバーに内容を確かめて注文したい。日本ではサンプルを入り口のガラス戸の中に入れていたり、メニューに写真を貼っていたりすることがあるが、アメリカでは、文字だけしかメニューに載っていないことも多い。

Part 9 Eating Out

53. Ordering a Steak

> **I'd like my steak medium-well, please.**

Takashi is at a steak restaurant. He wants to have steak for dinner. He talks with a server.

S : What would you like today?
T : I'd like the New York steak dinner.
S : How would you like your steak?
T : **I'd like my steak medium-well, please.**
S : And what dressing would you like on your salad?
T : French, please.

53. ステーキを注文する

> ステーキは、ミディアムウェルでお願いします。

タカシは、ステーキレストランにいる。ディナーにステーキを食べたいと思っている。彼は給仕係り（server サ）と話をする。

サ： 今日は何にいたしましょうか。
タ： ニューヨークステーキをお願いします。
サ： ステーキはどのようにいたしましょう。
タ： **ステーキは、ミディアムウェルでお願いします。**
サ： サラダのドレッシングは何がよろしいでしょうか。
タ： フレンチドレッシングをお願いします。

ちょっとひと言

肉が薄ければ、あれこれと焼き方を変えるのは難しいが、アメリカのステーキは分厚い。ディナー用の肉ともなれば、厚み、大きさとも日本のものよりはるかに大きい。したがって、肉を注文すると、必ず、どのような焼き方が好みか聞いてくる。肉の焼き方を5段階に分けると次のようになる。

well-done ／ medium-well ／ medium ／ medium-rare ／ rare

Part 9   Eating Out

54. Wrong Order

> **This is not what I asked for.**

Takashi is in a restaurant and is waiting for his order to come. The server comes with his order.

S :   Thanks for waiting.   Your steak dinner is ready.
T :   Is this steak medium-well?
S :   No, it's rare.
T :   Then, **this is not what I asked for.** I ordered a steak medium-well.
S :   I'm very sorry, sir. I'll take this back and bring you a medium-well-done steak.
T :   Thank you.

54. 間違った注文

> これは私がお願いしたものではありません。

タカシはレストランにいる。注文したものがくるのを待っている。給仕係（server　サ）が、オーダーしたものを持ってやってくる。

サ：　お待たせいたしました。ご注文の品ができました。
タ：　このステーキは、ミディアムウェルですか。
サ：　いいえ、レアです。
タ：　それじゃ、これは私がお願いしたものではありません。私はミディアムウェルを注文しました。
サ：　ほんとうにごめんなさい。取り下げて、ミディアムウェルのものをご用意いたします。
タ：　ありがとう。

ちょっとひと言

肉の焼き方が自分の頼んだ焼き方を異なっていれば、遠慮なく「自分がお願いした焼き方とは違う」と言ってよい。レアをミディアムなどに焼き変えるのは、いとも簡単である。
肉の注文以外でも、自分の注文したものと持ってきたものとが違う場合でも、遠慮無く言えばよい。日本では、「いいですよ」と言って、我慢して食べることもしばしばあるが、アメリカでは、もっと率直に言ってよい。

Part 9   Eating Out

55. Tipping

How much should we leave?

Takashi and Kris are at a restaurant for lunch. They are about to leave the restaurant and Takashi asks Kris about tipping.

T :   Should we leave a tip here?
K :   Yes, we usually leave a tip.
T :   **How much should we leave?**
K :   Well, we usually leave about ten or fifteen percent of the bill. The bill is twenty dollars, so how about leaving three dollars?
T :   Should we hand it to the server?
K :   No, just leave it on the table.

Part 9　外食する

55．チップについて

> どれくらい（チップを）置いたらいいんでしょう？

タカシはクリスとレスランで昼食を食べている。二人はちょうどレストランを去ろうとしている。タカシはクリスにチップのことを聞く。

タ：　ここはチップを置くんですね。
ク：　そうです。ふつうは、チップを置きます。
タ：　どれくらい置いたらいいんでしょう。
ク：　そうですね。ふつうは勘定書の10パーセントから15パーセントくらい置きます。全部で20ドルなので、3ドル置いたらどうでしょう？
タ：　給仕の人に手渡したらいいんですか。
ク：　いいえ、テーブルの上に置いたらいいんです。

注　bill　　　　　　　勘定書（check とも言う）
　　hand 〜 to ...　　…に〜を手渡す

ちょっとひと言

給仕をする人の立場からすれば、チップは多ければ多いほどよい。しかし、ふつう、レストランでは、食べた額の1割から、1割5分ほどのチップを置けば十分である。現金でチップを置く場合は、テーブルの隅にでも置いておけばよい。現金でなく、クレジットカードで食事代を支払う場合は、伝票にチップを含んで支払うことも可能である。

56. Ordering a Cocktail

> **Would my passport be OK as identification?**

Takashi and Kris are at a restaurant. They would like to have a cocktail before dinner. Takashi talks with a cocktail server.

T : May I see your cocktail menu, please?
S : Sure, here you are.
T : What is a Bloody Mary?
S : It's vodka mixed with tomato juice and seasoning.
T : It sounds good. One Bloody Mary, please.
S : May I see some ID, please?
T : Sure. **Would my passport be OK as identification?**

Part 9　外食する

56．カクテルを注文する

> パスポートは身分証明書として使えますか。

タカシとクリスはレストランにいる。ディナーの前に、カクテルを飲みたい。タカシはカクテルの係りの人と話をする。

タ： カクテルのメニューを見せてもらえますか。
サ： かしこまりました。どうぞご覧ください。
タ： ブラデイーマリーとは何ですか。
サ： それはウオッカに、トマトジュースと調味料を加えたものです。
タ： 美味しそうですね。ブラデイーマリーをひとつお願いします。
サ： 身分証明書を見せてもらえますか。
タ： わかりました。**パスポートは身分証明書として使えますか。**

注　Bloody Mary　　Mary Tudor にちなんだカクテルで、人気があるカクテルのひとつ。ウオツカは、無色透明であり、トマトジュースを使うので、全体としてはトマトジュースと同じ色。
　　seasoning　　　調味料
　　identification　　身分証明書

ちょっとひと言

日本人はアメリカに行くと、概して若く見られる。アメリカのバーは、アルコールを飲める年代のチェックが非常に厳しい。アルコールを合法的に飲める年齢は州によって異なるが、年齢の割に若く見える方は必ず身分証明書を携帯すること。パスポートを持っていれば大丈夫！
アメリカのレストランのメニューには、アルコール以外のドリンクも数多くある。メニューの一部に non-alcohol として掲げている。

Part 10 Getting Around

57. Bus Fares

> **How much is the fare?**

Takashi has just got on a bus. He talks with the bus driver.

T : I'd like to go downtown. **How much is the fare?**
D : It's a dollar fifty, sir.
T : Here's two dollars.
D : I'm sorry, drivers don't carry change.
T : Where can I get change?

The bus driver looks in his wallet and finds two quarters. He gives them to Takashi.

T : Oh, thank you.
D : But next time, please remember to bring the exact fare.

Part 10 乗り物に乗る

57. バス料金

料金はいくらですか？

タカシはバスに乗り込んだばかり。彼は運転手（driver ド）と話をする。

タ： ダウンタウンに行きたいのですが。**料金はいくらですか。**
ド： 1ドル50セントです。
タ： 2ドルからお願いします。
ド： ごめんなさい。運転手はおつりを持っていないんです。
タ： どこで釣り銭がもらえますか。

バスの運転手は自分の財布をのぞいて、25セントを2枚見つける。そしてタカシに手渡す。

タ：ああ、ありがとうございます。
ド：でも次は、料金をちょうど持ってきてください。

注
fare　　　　　（バスなどの）料金
change　　　　釣り銭
exact fare　　　ちょうどの料金

ちょっとひと言

アメリカには、女性のバス運転手も数多い。
お金を奪われる心配などないように、アメリカでは、ふつう、運転手は現金でおつりを渡すことはない。アメリカの市内バスでは、距離に応じてお金を支払うことは少ない。料金は一律の場合がほとんど。
アメリカの大きな町ではバス停もあるが、小さな町では、日本でいうバス停もない。バスの通るルートなら、バスがきたら手をあげて合図すると、バスが止まってくれる。

Part 10 Getting Around

58. Confirming Your Destination

Track 32

> **Could you tell me where to get off ?**

Takashi has just got on a bus. He talks with the bus driver.

T : I'd like to go to First Cincinnati Bank. **Could you tell me where to get off?**
D : The main branch is on 56th Street, and there's another on 104th Street.
T : The main branch on 56th Street, please.
D : Sure.
T : Would you let me know when we get there?
D : No problem.

58．目的地を確認する

> どこで降りたらいいか教えていただけますか？

タカシはバスに載って、運転手（driver ド）に話をする。

タ： 私はファーストシンシナティ銀行に行きたいんですが、どこで降りたらいいか教えていただけませんか。
ド： 主な支店は56番通りにありますが、104通りには別の支店もあります。
タ： では、56番通りの支店をお願いします。
ド： わかりました。
タ： そこに着いたら、教えていただけますか。
ド： いいですとも。

注　confirm　　　　　確認する
　　　destination　　　目的地
　　　get off　　　　　降りる

ちょっとひと言

不案内の土地でバスを利用するときは、乗車したあと、すぐに運転手に目的地をつげて、そこに到着したら下ろしてもらうように頼んでおくとよい。

Part 10   Getting Around

59. In a Taxi

> **Could you take me to the Cincinnati Mall, please?**

Takashi has just stopped a taxi. He talks with the taxi driver.

T : **Could you take me to the Cincinnati Mall, please?**
D : Sure. Hop in.
T : How long will it take?
D : Fifteen or twenty minutes, depending on the traffic.

The taxi arrives at the Cincinnati Mall.

D : Here we are. Seventeen dollars, please.
T : Here's a twenty. Keep the change.

Part 10　乗り物に乗る

59. タクシーで

　　シンシナティモールまでお願いします。

タカシはタクシーを留めて、運転手（driver ド）に話しかける。

タ：　シンシナティモールまでお願いします。
ド：　わかりました。どうぞ、お乗りください。
タ：　どれくらいかかりますか。
ド：　15分か20分くらいです。交通事情によりますが。

タクシーがシンシナティモールに到着する。

ド：　さあ、つきました。17ドルです。
タ：　20ドル札をどうぞ。おつりはとっておいてください。

注　hop in　　　　　　（タクシーなどに）飛び乗る
　　depend on ～　　　～による

ちょっとひと言

タクシーに乗ったら、必ずチップをあげるようにしよう。おつりがちょうどチップに見合う額であれば、Keep the change（おつりはとっておいてください）という表現が便利である。しかし、これを言うまえにおつりを確かめておこう。一度言ってしまったら、もう、返してもらえなくなるかも（？）

Part 10   Getting Around

60. Choosing a Rental Car

Track 33

> **I've reserved a compact car.**

Takashi is at a car-rental counter. He talks with a clerk.

C :   What can I do for you today, sir?
T :   I'm Takashi Suzuki. **I've reserved a compact car** for one week.

The clerk shows Takashi some pictures of the cars available.

C :   OK. Which car would you like?
T :   Do you have any Toyota Corollas now?
C :   Let me check... Yes, we have a blue one.
T :   Great!

60. レンタカーを選ぶ

> コンパクトカーを予約しているんですが。

タカシは、レンタカーの店にいる。係員（clerk ク）と話をする。

ク： いらっしゃいませ。
タ： 私は鈴木タカシといいます。1週間、コンパクトカーを予約しているんですが。

係りの人がタカシに手に入る車を何台か見せる。

ク： さあ、どの車がお望みですか。
タ： 今、トヨタカローラはありますか。
ク： ええっと、青いのがあります。
タ： ああ、それはよかった。

注 compact [kəmpǽkt] こじんまりした（アクセントの位置に注意）

ちょっとひと言

小型の車でも、アメリカの高速道路を走るのに十分耐えられる。車が小さければあまりガソリンを消耗しないし、保険料も安い。
アメリカは日本と反対で、車は右を走る。右を走行するのは、注意しておかないとついつい日本で運転するときのように、左を走ってしまう。これは事故のもとにもなりかねないので、くれぐれも用心しよう。

Part 10   Getting Around

61. Rental Car Insurance

> **How much is your full coverage?**

Takashi is at a car-rental counter. He talks with a clerk.

C : What insurance would you like to have?
T : **How much is your full coverage?**
C : Just a moment... That'll be twenty-six dollars a day.
T : All right.

The clerk shows Takashi the rental agreement.

C : Please sign here and initial these five places.
T : Just a moment. Let me look over the form for a second.

Part 10　乗り物に乗る

61．レンタカーの保険

> 全体賠償はいくらですか？

タカシはレンタカーの店のカウンターにいる。係員（clerk ク）と話をしている。

ク：　どのような保険をご希望ですか。
タ：　**全体賠償はいくらですか。**
ク：　ちょっとお待ちください。それは1日につき、26ドルになります。
タ：　わかりました。

係りの人がタカシにレンタカー賃貸契約書を見せる。

ク：　ここにご署名ください。そして5個所にイニシャルをお願いします。
タ：　少し時間をいただけますか。すこし書式に目を通してみたいので。

注　insurance　　　　保険
　　full coverage　　全体保証
　　agreement　　　　契約
　　initial　　　　　〜に頭文字を書く
　　look over　　　　ざっと目を通す

> ちょっとひと言

車を借りるにはクレジットカードが必要である。
いかなる契約書もそうであるが、レンタカーの契約書も、署名するまえに必ずその内容を理解したい。
sign は「署名」の意味である。日本語で、「有名人のサインをもらう」というような使いかたをするが、この場合のサインは英語では、autograph と言う。

Part 10 Getting Around

62. Car Breakdown

> **I'm at a gas station at the corner of 4th and Main.**

Takashi is driving his rental car and he suddenly sees smoke coming out from under his hood. He calls his rental-car company. He talks with a clerk.

C : Good afternoon. ABC Rent-a-Car.
T : I rented a car from you last week, and smoke is coming out from under the hood.
C : May I have your name and license plate number, please?
T : I'm Takashi Suzuki from Japan. My car license number is California OYZ 123.
C : Where are you now?
T : **I'm at a gas station at the corner of 4th and Main.**
C : We'll send someone over to look at it right away.

62. 自動車の故障

> 4番街とメイン通りの角のガソリンスタンドにいます。

タカシはレンタカーを運転していて、突然ボンネットから煙が出ていることに気がつく。彼はレンタカー会社に電話をして、係員（clerk ク）と話す。

ク： こんにちは。ABC レンタカーでございます。
タ： 先週、おたくで車を借りた者ですが、ボンネットから煙が出ているんです。
ク： お名前と車のナンバープレートを教えていただけますか。
タ： 日本から来た鈴木タカシといいます。ナンバープレートは、カリフォルニア OYZ の 123 です。
ク： 今、どこにいらっしゃいますか？
タ： 4番街とメイン通りの角のガソリンスタンドにいます。
ク： すぐ、係りの者をやらせます。

注
breakdown　　　（車などの）故障、エンコ
hood　　　　　　車のボンネット。bonnet はイギリス英語で、アメリカ英語では hood と言う。
license plate　　ナンバープレート。number plate はイギリス英語で、アメリカ英語では license plate と言う。なお、イギリス英語では、licence とつづる。

> ちょっとひと言

ガソリンスタンドは和製英語。正しくは gas station あるいは service station のように言う。
アメリカがどこに行くにも車が必要である。もし、レンタカーが故障したら、まず、車を借りたレンタカー店に連絡をとろう。もし連絡がとれない場合には、最寄りの AAA (American Automobile Association) の事務局に連絡しよう。

Part 10 Getting Around

63. Returning the Rental Car

Track 35

> **I just filled up the tank.**

Takashi is returning his rental car. He talks with a clerk.

T : I'm returning this Corolla.
C : Does it have a full tank of gas?
T : Yes. **I just filled up the tank.**
C : Would you like to pay in cash or with your credit card?
T : With my credit card.
C : OK. That's all we need.

Part 10　乗り物に乗る

63. レンタカーを返す

> 満タンにしたばかりです。

タカシは、レンタカーを返却しようとしている。彼は係員（clerk ク）と話をする。

タ：　このカローラを返却します。
ク：　タンクにガソリンがいっぱい入っていますか。
タ：　はい。**満タンにしたばかりです。**
ク：　現金で支払われますかそれともクレジットカードで支払われますか。
タ：　クレジットカードでお願いします。
ク：　わかりました。結構でございます。

注　fill up　　　　　満タンにする

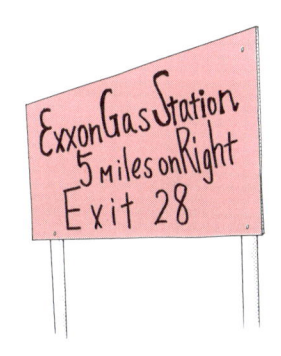

ちょっとひと言

レンタカーを借りて、返却するときには、ふつう、二つの方法がある。一つはガソリンタンクを満タンにして返却する方法であり、もう一つはタンクにガソリンを入れる代わりに、ガソリン代として支払う方法である。
ガソリンを満タンにして返却するときには、注意を要する。アメリカでは、ガソリンスタンドは、セルフサービスになっているところが多い。自分でガソリンを入れようとするとき、トラック用の重油を入れないようにすることである。

Part 10   Getting Around

64. Asking the Way

Track 35

> **Could you tell me how to get to the Cincinnati Mall, please?**

Takashi is taking a walk around town. He gets lost and talks to a stranger.

T : Excuse me, sir. I'm afraid I'm lost. **Could you tell me how to get to the Cincinnati Mall, please?**

S : You're not far from it. Go back to the first light and turn right. It's three blocks straight ahead. You can't miss it.

T : I go back to the first light and turn right. It's three blocks straight ahead.

S : You got it.

T : Thank you.

134

Part 10　乗り物に乗る

64. 道を聞く

> どうやってシンシナティモールに行ったらいいか、
> 教えていただけませんか？

タカシは、町を散歩している。彼は道に迷って、見知らぬ人（stranger ス）に話しかける。

タ：　すみません。道に迷いました。どうやってシンシナティモールに行ったらいいか、**教えていただけませんか**。
ス：　シンシナティモールからあまり遠くはありませんよ。最初のシグナルまで戻って、右に曲がってください。そこから3丁ほどまっすぐ行ったところです。すぐわかります。
タ：　最初のシグナルまで戻って、右に曲がるのですね。そこから3丁ほどまっすぐ行けばいいんですね。
ス：　その通りです。
タ：　ありがとうございました。

注　take a walk　　　　散歩する
　　get lost　　　　　　道に迷う
　　the first light　　　最初のシグナル
　　You can't miss it.　すぐ分かる。

ちょっとひと言

知らない土地で道に迷うことはよくあることである。通りすがりのひとに道を聞くとき、一度聞いてもはっきりとわからないときは、相手の言ったことを確認したい。自分で新しい表現を使う必要はない。相手が説明してくれた表現の一部を使って確かめればよい。

Part 11 Talking with People

65. Responding to Praise

Track 36

> **Thank you. I was just lucky.**

Takashi is working on a puzzle with Diane in the living room. Diane talks with Takashi.

D : Here is a little picture puzzle. Let's see how quickly you can put it together.
T : I'll give it a try.

Takashi puts the pieces of the puzzle together.

T : Diane, I'm finished.
D : So soon? Gee, you're smart.
T : **Thank you,** Diane. **I was just lucky.**
D : I've never seen anyone put it together so fast.
T : I really enjoyed the challenge.

Part 11　人々と話す

65. ほめられたときの答え方

> ありがとう。運が良かっただけです。

タカシは、居間でダイアンとパズルをして楽しんでいる。ダイアンがタカシに話しかける。

ダ：　ちょっとした絵パズルよ。どれくらいで完成するかやってみる？
タ：　やってみます。

タカシはパズルの小片を合わせてみる。

タ：　ダイアン、終わりましたよ。
ダ：　そんなにはやく終わったの。頭がいいのね。
タ：　ありがとう、ダイアン。運が良かっただけです。
ダ：　そんなにはやく仕上げた人は知らないわ。
タ：　パズルに挑戦するのは楽しかったです。

注　give it a try　やってみる
　　smart　　　　　かしこい

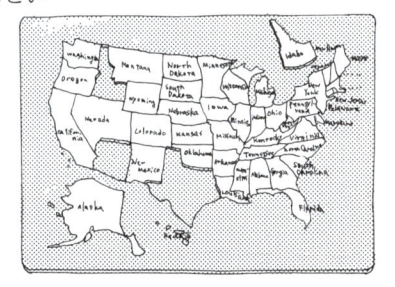

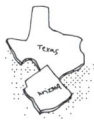

ちょっとひと言

日本語で、スタイルがいいことを、「あの人はスマートだ」と言ったりするが、英語ではこの意味で smart を使うことはない。英語ではこんなときは、stylish という語を使う。
ほめられたときは、「いいえ、そんなことはまったくありません」というのは日本語的答え方。英語ではほめられたら Thank you. と言って、I was just lucky. などのように言うのがよい。

Part 11 Talking with People

66. Personal Questions

May I ask you a personal question?

Takashi is talking with Diane in the living room.

T :   Diane, **may I ask you a personal question?**
D :   Sure. Go ahead.
T :   Do you mind if I ask how you first met Bert?
D :   Not at all. We went to high school together. We were in the same chemistry class.
T :   Did you date when you were still in high school?
D :   No, we had our first date right after we graduated.

66. 個人的な質問

> 個人的な質問をしてもいいですか？

タカシは、居間でダイアンと話をしている。

タ： ダイアン、個人的な質問をしてもいいですか。
ダ： いいですよ。どうぞ。
タ： バートにどうやって最初に会ったのか、聞いていいですか。
ダ： もちろん。高校に一緒に行っていたの。私たちは同じ化学のクラスを取っていたのよ。
タ： 高校のとき、デートはしましたか。
ダ： いいえ。卒業してから最初のデートをしました。

注 Do you mind ...? 丁寧な表現であるが、この言い方に対する答え方に注意すること。「どうぞ」と言いたいときには、No ... と言って続けなくてはいけない。

ちょっとひと言

英語では個人的な質問は避けなくてはならない。例えば、（1）年齢、（2）宗教や政治、（3）給料などは個人的な質問なので、特別な状況をのぞいては話題にしない方が無難である。

Part 11   Talking with People

67. When You Can't Catch Fast Speech

> **Could you speak a little slower, please?**

Takashi is talking with Diane in the living room. Diane continues to tell him about her date with Bert.

D :   On our first date, we went to a drive-in near campus.
T :   I'm sorry, I don't understand. **Could you speak a little slower, please?**
D :   Sure. We met at a drive-in near campus.
T :   Oh, is that the same as a drive-through?
D :   Not quite, Takashi. A drive-in is the kind of restaurant where the server brings the food to your parking space. And then you eat the food in the car before you leave.
T :   Oh, that sounds interesting.

67. 話すのが速くてわからないとき

> もう少しゆっくり言っていただけますか？

タカシは居間で、ダイアンとバートとの最初のデートについて話をしている。ダイアンがデートの話を続けている。

ダ： 最初のデートで、キャンパス近くのドライブインに行ったの。
タ： ごめんなさい。わかりませんでした。**もう少しゆっくり言っていただけますか。**
ダ： いいですよ。ふたりでキャンパス近くのドライブインで会ったの。
タ： ああ、それはドライブスルーと同じですか。
ダ： ちょっと違うかな。ドライブインは、ある種のレストランで、サーバーがあなたの車まで食べ物をもってきてくれるところなの。そして車の中で食べるのよ。
タ： ああそうですか。それは面白そうですね。

注 drive-in　　　ドライブイン　駐車した車に係の人が食事を持ってくる。食事が済んだらお金を払って盆を返す。
　　　drive-through　ドライブスルー　車に乗ったまま食事を注文し、支払い、食事を持ち帰る。

ちょっとひと言

アメリカ人同士が話すときには、非常に速く話す。時に相手が日本人であっても速く話すこともしばしばである。そのような状況に出会ったら、わかったふりをして聞くよりも、Could you say it again, please? などの表現を使って、相手にもう一度言い直してもらうと会話がわかりやすい。

Part 11 Talking with People

68. Asking the Meaning

What does "Catch you later" mean?

Takashi is talking with Bert in the living room. Takashi asks him a question.

T :   What does "Catch you later" mean?
B :   Where did you hear that?
T :   I often hear it on TV.
B :   Well, I think it means "I'll see you later."
T :   Oh, that's what it means. Thank you, Bert.
B :   I think you're getting really good at listening, Takashi.

Part 11　人々と話す

68．意味を聞く

> "Catch you later" とはどんな意味ですか？

タカシは、居間でバートと話をしている。タカシがバートに質問する。

タ：　"Catch you later" とはどんな意味ですか。
バ：　それはどこで聞いたの？
タ：　テレビでたびたび聞きます。
バ：　そうだね。それは "I'll see you later" と同じ意味だと思うけど。
タ：　ああ、そういう意味ですか。ありがとう、バート。
バ：　本当によく聞き取れるようになってきてると思うよ、タカシ。

注　TV　　television の略。発音は、[v] の音であることに注意。TB と発音すると、tuberculosis「結核」の意味になってしまう。

ちょっとひと言

テレビを聞いていて、英語の音声がときどき聞き取れるようになれば、着実に聞き取りの力がついている証拠である。表現が聞き取れて意味が分からないときは、すぐ、そばにいる人に聞くとよい。こういうことを聞くのも会話の材料となる。

Part 11　Talking with People

69. Keeping the Conversation Going

> **Oh, this sounds interesting.　Tell me more.**

Takashi is talking with Diane in the living room.　They seem to be deeply involved in their conversation.

T :　Could you tell me about some of your childhood experiences?
D :　Well, I was pretty shy when I was a child.
T :　That's hard to believe.　You seem so outgoing now.
D :　I wasn't always outgoing.　I'll never forget when I was in the second grade.　One day, a boy came up and tried to talk to me.
T :　**Oh, this sounds interesting.　Tell me more.**
D :　I just turned red and ran away from him.

69. 会話を続ける

> ああ、おもしろそうですね。もっと話してください。

タカシは、居間でダイアンと話をしている。会話に花が咲いているようだ。

タ： 子供のころの体験について話してくれませんか。

ダ： そうね。私はこどもの頃はとても内気だったのよ。

タ： それはとても信じがたいですね。今は非常に外向的でしょう。

ダ： 以前は決して外向的じゃなかった。小学校2年生だったときのことを、決して忘れないわ。ある日、1人の男の子がやってきて、私に話しかけようとしたの。

タ： ああ、おもしろそうですね。もっと話してください。

ダ： 赤くなって、逃げ去ったの。

注
childhood　　　子供時代
outgoing　　　外向的な
turn red　　　（顔が）赤くなる

ちょっとひと言

ホームステイ家族と話すとき、話に本当に興味を示そうとすることが大切である。興味があることを相手に示す表現のひとつに Oh, this sounds interesting. Tell me more. がある。こうした表現を言われた人は、相手の興味を感じて、ますます、話したくなるものである。

Part 11 Talking with People

70. A Confusing Question

Track 38

> **Oops. I should have said I don't mind at all.**

Takashi is talking with Bert in the living room. Bert wants to ask Takashi a question about Japan.

B :   Would you mind if I asked you a question, Takashi?
T :   Yes, I do.
B :   I guess I should wait until later.
T :   **Oops. I should have said I don't mind at all.**
B :   That's all right, Takashi. I hear there are a lot of hot springs in Japan. Is that true?
T :   Yes, Bert. We have them all over the country. Japanese love to take hot-spring baths.

70. 紛らわしい質問

> しまった。"I don't mind at all." と言うべきでした。

タカシは、居間でバートと話をしている。バートは、タカシに日本について質問する。

バ： タカシ、私の質問することが気になりますか。
タ： ええ、少し。
バ： それじゃ、しばらく待つことにしましょう。
タ： しまった。I don't mind at all と言うべきでした。
バ： 気にしないで、タカシ。日本には多くの温泉があると聞いていますが、本当？
タ： そうです。国のいたるところに温泉はあります。日本人は温泉風呂に入るのが好きです。

注 should have said ～　～と言うべきだった。should have　過去分詞の形は、過去の後悔の気持ちを表すときによく使う形。
　　　hot spring　　温泉

ちょっとひと言

"Do you mind ～ ?" の質問は、日本人にとって非常に紛らわしい質問である。ついつい "Yes." と答えがちだが、「どうぞ」という返事をしたいときには、"No, ..." という答え方をしなくてはいけない。Do you mind ～? は、もともと「～を気にしますか」ということであるから、「気にしない」ことが「どうぞ」という意味あいになる。

Part 11 Talking with People

71. Explaining Your Gift

Track 39

> **Here is a little something for you.**

Takashi gives Diane a doll from Japan. They talk about it.

T : **Here is a little something for you.**
D : How nice! May I open it?
T : Sure. Go ahead.
D : You shouldn't have. It's beautiful. I like it very much. Could you tell me something about it?
T : It's a *daruma* doll. We believe it brings good luck. When you receive the doll, you paint in one of the eyes. You paint in the other eye when your wish comes true.
D : How interesting! I hope it brings me good luck.

71. 贈り物を説明する

> これは小さなものですが、受けとってください。

タカシは、ダイアンに日本の人形をあげる。二人はそれについて話をする。

タ： これは小さなものですが、受けとってください。
ダ： 何てすてきなんでしょう！開けてもいい？
タ： いいですとも。どうぞ。
ダ： こんなことをしなくてもよかったのに。でも本当にきれい。うれしいわ。その人形についてちょっと説明してくれない？
タ： それは「だるま」という人形です。私たちはこの人形が幸運をもたらすと信じています。「だるま」を受けとったら、片目を塗ります。願いがかなったら、もう一方の目を塗りつぶします。
ダ： とても面白いですね。私にも幸運をもたらすことを期待したいわ。

注 gift　　present に比べると、少し堅さのあることばで、状況によっては「施しもの」という、冷たい感じに受けとられることもある。

You shouldn't have.　You shouldn't have done it!　の省略形。

ちょっとひと言

日本ではみやげものなどを人にあげるとき、「これはつまらないものですが」と言ってあげる。これを直訳しようとすると、アメリカ人には、「つまらないものをどうしてくれるのか」ということになる。最小限へりくだったとしても、Here is a little something for you. くらいでよい。

贈り物を受け取ったら、その場で開けるのがアメリカ式。そのときは、May I open it? でよい。

Part 12 Social Activities

72. Welcome Party

> **I hope to make many friends.**

Bert and Diane are holding a welcome party for Takashi. They have invited friends and neighbors to their house to meet Takashi.

B : I have invited all of you here tonight to meet Takashi, who will be staying with us for a while. Takashi, would you mind saying a few words?

T : Not at all. Good evening, ladies and gentlemen. I'm Takashi Suzuki. I am very honored to be staying at Bert and Diane's beautiful home. Thank you all for coming, and I look forward to many unforgettable experiences in the States.

B : The pleasure is all ours.

T : While I am here, **I hope to make many friends.** I also want to improve my English to the best of my ability. Well, I guess that's about it.

B : Thank you, Takashi. Won't you all give him a big hand?

T : Thank you all very much.

Part 12　社会的な交わり

72．歓迎パーテイー

> たくさんの友だちをつくりたいのです。

バートとダイアンは、タカシの歓迎パーティーを開こうとしている。二人はタカシに合わせようと、友人や隣人を家に招待する。

バ：　今夜はみなさんを、タカシに会ってほしいと思って招待しました。タカシは、しばらく私たちのところにいます。タカシ、ちょっとあいさつをしてもらえる？

タ：　はい、わかりました。みなさん、今晩は。鈴木タカシです。今、ダイアンとバートのきれいなお家に滞在させていただいて、とても感謝しています。みなさん、今日は私のために来ていただいて、ありがとうございます。私は、アメリカでの忘れられない体験を、期待しています。

バ：　私たちもそうです。

タ：　ここにいる間に、たくさんの友だちをつくりたいのです。また、できるだけ英語の力を高めたいと希望しています。ええっと、以上です。

バ：　ありがとう、タカシ。みなさん、大きな拍手をしてください。

タ：　みなさん、ほんとうにありがとうございます。

注
The pleasure is all ours.	こちらこそ嬉しいです。
to the best of my ability	できる限り
That's about it.	それくらいです。
a big hand	大きな拍手

> ちょっとひと言

歓迎パーティーを開いてもらったら、必ず、ちょっとしたあいさつを求められる。むずかしいことばを使って、長い時間いう必要はまったくない。むしろ、短めに、わかりやすく言うことが大切である。できればちょっとしたジョークを差しはさむと、会場の雰囲気がよくなる。あいさつでは、自己紹介、ホストに自分を招いてくれたことの感謝、また、ホームステイの目的などをちょっと触れるとよいであろう。

Part 12 Social Activities

73. Birthday Party

> **You shouldn't have.**

It is Takashi's birthday, and Diane has made a cake for him.

T : Oh, what a beautiful birthday cake! Thank you so much, Diane. **You shouldn't have.**

D : Before you blow out the candles, don't forget to first make a wish, Takashi.

T : Well, I wish that...

D : Don't tell us your wish because then it might not come true.

T : OK, I've made my wish. Now what should I do?

D : If you blow out all your candles in one breath, your wish will come true.

73. 誕生パーティー

> 気にかけていただいてすみません。

タカシの誕生日なので、ダイアンが彼のためにケーキをつくる。

タ： ああ、本当にすばらしいケーキだ。ダイアン、ありがとう。気にかけていただいてすみません。
ダ： ろうそくを消す前に、願をかけるのを忘れないで、タカシ。
タ： はい。ええっと…
ダ： 願いは人に言わないように。言うと願いがかなわないのよ。
タ： ええ。願をかけました。今度はどうしたらいいんですか。
ダ： ろうそくを一息で消したら、願いがかなうのよ。

注　blow out　　～を吹き消す
　　　 make a wish　願をかける

ちょっとひと言

最近では、日本でもアメリカ同様にケーキを食べて誕生日を祝うことが多い。アメリカでは願い事を行うとき、目を閉じて行う人も多い。願い事するときは黙って行う。

74. Surprise Party

Congratulations on your promotion.

Bert and Takashi are having a surprise party for Diane, who has just been promoted in her job. She walks in the door, and sees her friends gathered together.

T : Surprise!
D : Oh, my gosh! What's going on?
T : **Congratulations on your promotion** to assistant manager. We've all come to say how proud we are of you. How about a glass of champagne and some cake?
D : Takashi, you're too much.
T : We thought you would like a party, so we called some of your friends.
D : Well, thank you all for coming tonight. I have to admit you caught me off guard. I…I…oh no! I think I'm going to cry.

Part 12　社会的な交わり

74. 不意打ちパーティー

> 昇進、おめでとうございます。

バートとタカシはちょうど仕事で昇進した妻のダイアンのために、サプライズパーティーを行っている。ダイアンはドアに歩いてきて、集っている彼女の友人たちを見る。

タ：　サプライズ！
ダ：　ああ、驚いた。なにをしているの。
タ：　副部長への**昇進**、**おめでとうございます**！あなたのことを誇りに思って、みなさんが集まったんですよ。シャンペンとケーキはどうですか。
ダ：　タカシ、気がつくのね。
タ：　あなたはパーティーが好きだと思いましたので。お友だちに連絡しました。
ダ：　今夜はみなさん来ていただいてありがとう。本当に驚いた。ああ、やだ。泣けてきそうだわ。

注　surprise party　　　　　　不意打ちパーティー
　　Oh, my gosh!　　　　　　ああ、驚いた！
　　What's going on?　　　　どうなっているの。
　　You caught me off guard.　おどろいた。

ちょっとひと言

アメリカの人たちは、不意打ちのパーティーが好きである。当人には何食わぬ顔で、友人たち同士が連絡を取り合って、その会場に当人をうまく呼び寄せるのである。意外な展開に、本人は喜びもひとしおといったところ。

Part 12 Social Activities

75. Potluck Party

> **I hope you like it.**

Takashi has been invited to a potluck party at Rick and Janice Dodge's house. They are neighbors and good friends of the Taylor's.

J : There you are, Takashi! I'm so glad you could come.

T : Hi, Janice. Thanks for inviting me. Here's a little something I fixed for your potluck party. **I hope you like it.**

J : Oh, Takashi! Thank you. It looks delicious.

T : It's tempura, which is a traditional Japanese dish. It's vegetables and fish coated with batter, and then fried.

J : It looks fabulous. You are going to make some lucky woman a wonderful husband.

T : Well, I don't know about that, but I do enjoy cooking.

75. ポットラックパーティー

> お口に合うといいんですが。

タカシは、デイックとジャニス・ドッジ家のポットラックパーティーに招待される。彼らは隣人で、テーラー家の仲良しである。

ジ： いらっしゃい。きていただいてうれしいわ。
タ： こんにちは、ジェニス。招待してくれてありがとう。これ、つまらないものだけど、ポットラックパーティーために、自分でつっくったんです。お口に合うといいんですが。
ジ： タカシ、ありがとう。おいしそうだわ。
タ： 天婦羅です。伝統的な、日本の食べ物なんです。天婦羅は、野菜や魚を衣で包んで、油で揚げたものです。
ジ： 美味しそう。あなたは、きっと奥さんを幸せにするわ。
タ： それはわからないけど、料理をするのはたのしいですね。

注
There you are.	いらっしゃい。
coat	〜を塗る
batter	（料理で使う）生地
fabulous	すばらしい
make some lucky woman a wonderful husband	奥さんを幸せにする

ちょっとひと言

potluck とは、「ありあわせの料理」という意味で、potluck party は、ありあわせの料理を持ち寄って行うパーティーのことである。大学の中でも、週末や試験の終わったころなどにしばしば行われる。授業中、誰が何を持ち寄るか、ポットラックパーティー用の紙が回ってくることがある。

Part 12 Social Activities

76. Farewell Party

> **I will never forget all of you.**

Bert and Diane are giving a farewell party for Takashi at their home. Takashi will soon be going back to Japan, so many people have gathered to say good-bye to him. Diane talks with Takashi.

D : Takashi, will you say a few words of farewell?
T : Thank you, Diane. While staying with you and Bert, I felt like a member of your family.
D : Well, you were like a son to us.
T : I don't know where the time has gone. It seems as though I just arrived in the States. I can't believe I'll be going back so soon.
D : We wish you could stay longer.
T : So do I. But **I will never forget all of you** and all the wonderful experiences I have had in America. From the bottom of my heart, thank you all.

76. 送別会

> みなさんのことは、けっして忘れません。

バートとダイアンは、タカシのために家で送別会をする。タカシはすぐ日本に帰ることになっているので、多くの友だちがさよならを言いに集まっている。ダイアンがタカシに話をする。

ダ： タカシ、別れのことばをちょっと一言いい？
タ： ありがとう、ダイアン。あなたとバートと一緒にいると、あなたの家族の一員のように感じました。
ダ： あなたは私たちにとっては息子のようだった。
タ： 時がたつのが本当に早かった。まるでアメリカに着いたのが、昨日のようです。もうすぐ帰国するなんて信じられない。
ダ： このままずっといてくれたらと思っているのよ。
タ： 僕もそう思っています。みなさんのこと、それからアメリカでの楽しい体験は決してわすれません。心から、感謝しています。

注
say a few words 　　　　　　　一言いう
don't know where the time has gone 　時間がすぐたってしまう
from the bottom of my heart 　　　心の底から

ちょっとひと言

送別会のゲストになれば、必ず、ちょっとしたあいさつを言われるであろう。長いあいさつは必要ではない。ポイントは感謝の気持ちを込めて、ホストファミリーにお礼のことばを述べることである。

Part 12 Social Activities

77. Asking for a Date

> **How about having dinner together?**

Takashi has made friends with Anne, one of his classmates. He suggests that they have a date.

T :   Anne, are you free this coming Saturday evening?
A :   Sure. What's up?
T :   Well, I've always wanted to go to that Indian restaurant near campus and try their food.
A :   Oh, I heard it's really good.
T :   Well, **how about having dinner together?**
A :   Oh, that sounds great. I'll be looking forward to it.

77. デートを申し込む

> 一緒にディナーでも食べない？

タカシは、クラスメートの１人であるアンと友だちになった。彼は彼女をデートにさそう。

タ： アン、今度の土曜日の夕方は暇ですか。
ア： ええ。どうしたの？
タ： うん。大学の近くのインディアンレストランに行って、そこの料理を食べたいとずっと思っていたんだ。
ア： とても美味しいと聞いているわ。
タ： それじゃ、**一緒にディナーでも食べない？**
ア： それはすばらしい。期待して待っているわ。

注　date　　　　　　　デート（デートの相手も date という）
　　　What's up?　　　　どうしたの？
　　　look forward to ~　～を期待して待つ

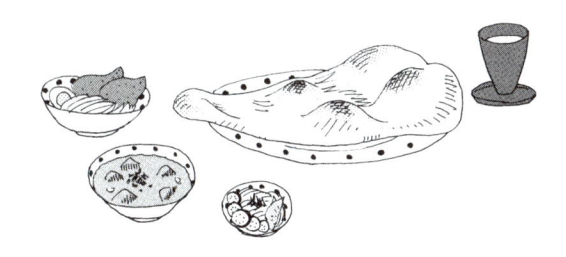

ちょっとひと言

デートはアメリカでは日常茶飯事に行われていること。レストランや映画、あるいはレストランに行ったあとの映画鑑賞などなど、いろいろなコースもあれば場所もある。お見合いなどの習慣がないアメリカでは、デートが男女交際の大きな役割を占める。

Part 12 Social Activities

78. Setting Up a Movie Date

> **How about going to the movies this Saturday night?**

Takashi wants to take Anne to a movie. They talk about what movie to go to.

T : Anne, **how about going to the movies this Saturday night?**

A : Well, what's showing?

T : A James Bond movie is showing at Cinema 1 and the new Star Wars film is showing at Cinema 2.

A : I've already seen the James Bond movie, but I'd love to see the new Star Wars movie.

T : There's a show at 6:30. How does that sound?

A : Sounds great. Let's go!

Part 12　社会的な交わり

78．映画のデートを決める

> 今度の土曜日の夜、映画に行かない？

タカシは、アンを映画に誘いたい。二人は何の映画にいくべきかについて話をしている。

タ： アン、今度の土曜日の夜、映画に行かない？
ア： どんな映画をやっているの？
タ： シネマ１ではジェームズ・ボンドの映画をやっているし、シネマ２では、スター・ウォーズをやっているよ。
ア： ジェームズ・ボンドの映画はもう見たけど、新しいスター・ウォーズは是非見てみたいわ。
タ： ６時30分に始まるんだ。それではどう？
ア： ばっちりね。行きましょう。

ちょっとひと言

デートの時と場所をはっきり決めることは大切。デートの時間には遅れないようにするのがよい。
アメリカではひところ、drive-in theater という、自動車に載ったまま映画を見られる映画館が流行したが、現在では下火になってしまった。映画はやはり、劇場の中で、ポップコーンやポテトチップスを食べながら鑑賞するのが一番だということであろう。

Part 12 Social Activities

79. Starting a Conversation

Track 43

> **Nice day, isn't it?**

Takashi visits a college campus. He is having a snack at an outdoor table. He talks with a girl sitting next to him.

T :   **Nice day, isn't it?**
G :   Yeah, it sure is gorgeous out.
T :   By the way, I'm Takashi Suzuki, a college student from Japan. I really like this campus.
G :   I like it, too. Oh, I'm Sandra Smith, a student here. Glad to meet you, Takashi.
T :   Glad to meet you, too, Sandra. May I ask what you are majoring in?
G :   Sure. I'm studying medicine. I hope to be a doctor someday.

79. 会話を始める

> いい天気ですね。

タカシは、大学のキャンパスを訪れる。彼は戸外のテーブルで、スナックを食べている。彼は隣に座っている女性（girl ガ）に話しかける。

タ： いい天気ですね。
ガ： 本当ですね。本当にすばらしい天気です。
タ： ところで、私は鈴木タカシといいます。日本から来た大学生です。私はこの大学が大好きです。
ガ： 私もそうです。私はサンドラ・スミスといいます。ここの学生です。よろしく。
タ： こちらこそ。何を専攻しているか聞いてもいいですか。
ガ： いいですとも。私は医学を勉強しています。いつか医者になりたいと思っています。

注
snack	軽食
gorgeous	すばらしい
major in	〜を専攻する
medicine	医学

ちょっとひと言

話しかけたい気持ちはあっても、どうやって話しかけたらいいかよく迷う。ポイントは、個人的はことは避け、天気など一般的な無難なことを引き合いに出して、会話を始めるとよい。

Part 12 Social Activities

80. Church on Sunday

> **Do all Americans go to church on Sundays?**

It is Sunday morning. Diane and Bert are ready to take Takashi with them to church. Takashi talks with Diane.

D : Are you ready for church, Takashi?
T : Yes, I'm ready to go. Oh, and I have one question, Diane.
D : Sure. Go ahead. What is it?
T : **Do all Americans go to church on Sundays?**
D : Not everyone. Some people don't go to church at all, and others go on other days rather than on Sundays.
T : Does that depend on the religion?
D : Yes, Takashi. We have many different religions in America.

80．日曜日の教会

> アメリカ人は日曜日にみんな教会に行きますか？

日曜日の朝である。ダイアンとバートはタカシを教会に連れていく。タカシはダイアンと話をする。

ダ： タカシ、教会にいく準備はできてる？
タ： はい、できています。ああ、ダイアン、質問があるんですが。
ダ： ええ、どうぞ。なあに？
タ： **アメリカ人は日曜日にみんな教会に行きますか。**
ダ： みんな行くとは限りません。教会にまったく行かない人もいるし、日曜日ではなく、ほかの日に行く人もいます。
タ： それは宗教によるんですか。
ダ： そうです、タカシ。アメリカにはたくさんの宗教があるのよ。

注　some ～ and others ...　～する人もいれば、…する人もいる
　　depend on ～　～による
　　religion　宗教

ちょっとひと言

アメリカには多くのイスラム教徒とユダヤ教徒もいる。キリスト教の主な二つの宗派は、カトリックとプロテスタントである。アメリカにはプロテスタントの方が多い。その他の主な宗派には、Baptist（バプチスト）、Lutheran（ルター派）、Presbyterian（長老派）、Seventh-Day Adventist（安息日再臨派）などがある。

Part 12 Social Activities

81. Church Service

Track 44

I could catch only half of the sermon.

It is Sunday morning. Diane, Bert and Takashi are coming back from church. Takashi talks with Diane.

D : How did you like our church service? Could you follow what was going on?
T : Well, I really liked the chorus. They sang such beautiful songs. But **I could catch only half of the sermon.**
D : But that's pretty good. Your English is really improving.
T : Thanks, Diane. By the way, I'm curious. What were people putting in the baskets that were passed around after the sermon?
D : Envelopes containing their weekly donation to the church.
T : Oh, that's what was happening.

81. 教会での儀式

> 説教の半分しかわかりませんでした。

日曜日の朝である。ダイアンとバートはタカシを教会に連れていく。タカシはダイアンと話をする。

ダ： 教会の礼拝はどうでした？何が行われていたか分かりましたか？

タ： そうですね。私はコーラスが大変好きでした。きれいな歌を歌っていました。でも**説教の半分しかわかりませんでした**。

ダ： 立派なものよ。あなたの英語は本当に上達しているわ。

タ： ありがとう、ダイアン。ところで、知りたいことがあるんです。説経のあと回されるカゴの中に、人々は何を入れているんですか。

ダ： 毎週の教会寄付金を入れた封筒なのよ。

タ： ああ、そういうことですか。

注　catch　　　　　　〜を理解する
　　sermon　　　　　　説教
　　church service　　教会の礼拝
　　improve　　　　　　うまくなる
　　envelope　　　　　封筒
　　donation　　　　　寄付金

ちょっとひと言

教会で牧師の説教が終わると、寄付金用のカゴが回されてくる。金額は任意であるが、privacy を守るために、封筒に入れることが多い。一般的な寄付金の額は、5ドルから10ドルくらいである。

82. American Sports

> **Is soccer big here?**

It is Sunday afternoon. Diane, Bert and Takashi are sitting in the living room watching a big football game. Takashi talks with Diane.

T : Wow, Diane! This football is really exciting! Is football the most popular sport in America?

D : Well, it's one of the most popular sports.

T : Besides football, what are some other popular sports in America?

D : Some others are basketball, baseball and ice hockey. How about in Japan?

T : Well, recently Japanese have become crazy about soccer. **Is soccer big here?**

D : More and more people are getting interested in it.

Part 12　社会的な交わり

82. アメリカのスポーツ

> サッカーはここでは人気がありますか？

日曜日の午後である。ダイアン、バート、そしてタカシは居間に座ってアメリカンフットボールの大きな試合を見ている。タカシはダイアンと話をする。

タ： わあ、ダイアン。このフットボールの試合は、本当に面白い！アメリカではフットボールが最も人気のあるスポーツですか。

ダ： そうですね、フットボールは一番人気のあるスポーツのひとつです。

タ： フットボールのほかに、アメリカで人気のあるスポーツは何ですか。

ダ： バスケットボール、野球、それにアイスホッケーなどです。日本ではどうですか。

タ： そうですね。最近日本人はサッカーを非常に好んでいます。**サッカーはここでは人気がありますか。**

ダ： 多くの人々がどんどん興味を抱いています。

注
big	有名な
wow	わあ！
exciting	わくわくさせる
besides	～のほかに
become crazy about ～	～が大好きである

> ちょっとひと言

アメリカでの大きなスポーツと言えば、アメリカンフットボール、野球、バスケットボール、それにアイスホッケーである。全世界的にはサッカーが最も人気があるが、アメリカでも徐々に人気が出始めている。この人気上昇の理由は、主として移民してくる人々にサッカーが人気があるからである。

83. Explaining Sumo

> **It's our national sport.**

Diane has just seen a program about sumo *on TV. She asks Takashi about* sumo *in Japan.*

D : Takashi, I just saw a program about *sumo* on TV today. How popular is *sumo* in Japan?

T : **It's our national sport.** Many people are hooked on it.

D : What I saw seemed to be very formal. Is it an old sport?

T : Yes, it dates back over two thousand years. Long ago, only the Emperor and princes could watch *sumo* matches.

D : How interesting, Takashi. I was surprised at how short the bouts were.

T : Yes, many of them last less than five seconds. It's a quick sport, isn't it?

Part 12　社会的な交わり

83. 相撲を説明する

> それは私たちの国民的スポーツです。

ダイアンはテレビで相撲を見た。彼女はタカシに日本の相撲について聞く。

ダ： タカシ、今日、テレビで相撲を見たのよ。日本では相撲はどれくらい人気があるの。

タ： それは私たちの国民的スポーツです。多くの人々が夢中になっています。

ダ： 私が見たのは非常に格式ばった感じだったわ。それは古くからあるスポーツなの？

タ： はい、そうです。2千年前くらい前まで遡ります。ずっと前は、皇室の人だけが相撲を見ていたのです。

ダ： とても興味ぶかいわね。試合がとても短いのでびっくりしたわ。

タ： そうです。多くの試合は5秒以内に終わります。すばやいスポーツでしょう？

注
national sport	国民的スポーツ
be hooked on 〜	〜に夢中になっている
last	続く

ちょっとひと言

日本の相撲は国民的スポーツと言われるが、アメリカでは野球が "the national pastime" と呼ばれている。pastime は「娯楽」の意味である。baseball は「野球」と訳し、歴史的に野球は日本の武士道精神と結びつけられてきた。従って、野球英語には、「死球」「本塁」「併殺」などのように勇ましいことばが多い。

Part 13   Getting Things Done

84. Withdrawing Money from a Bank

> **I'd like to take some money out of my account.**

Takashi needs some money. He goes to a bank and talks to a bank teller.

B : May I help you, sir?
T : Sure, **I'd like to take some money out of my account.**
B : How much would you like to withdraw today?
T : Three hundred dollars, please.
B : Please write your name, account number and the amount you want to withdraw on this slip.
T : Sure. Should I write my account number in this space?
B : Yes, right here at the top.

Part 13　いろいろな用事

84．銀行から金を引き出す

> 口座からお金を引き出したいのですが。

タカシは、お金が少し必要である。彼は銀行に行って、窓口係りの人（bank teller バ）と話をする。

バ：　いらっしゃいませ。
タ：　口座からお金を引き出したいのですが。
バ：　どれくらいお引き出しになりたいですか。
タ：　300ドルお願いします。
バ：　お名前と口座番号、お引き出しされる金額をここにお書きください。
タ：　わかりました。口座番号はこのスペースに書いたらいいでしょうか。
バ：　ええ、上のここにお願いします。

注　withdraw　　　〈お金など〉を引き出す
　　account　　　　口座
　　teller　　　　　窓口の人

ちょっとひと言

アメリカの銀行では、日本と違って行員の制服をつくっていないのが普通である。
アメリカの銀行では、通帳（passbook）を作らないこともしばしばである。したがって、こうした銀行では、口座番号がいつも必要になってくる。

Part 13 Getting Things Done

85. Changing Money

Track 46

> **I'd like my money mostly in twenties, please.**

Takashi wants to change some yen to dollars. He goes to a bank and talks to a bank teller.

B : May I help you, sir?
T : I'd like to change some yen to dollars.
B : How much would you like to change, sir?
T : Twenty thousand yen.
B : Let me see. Today's exchange rate is 110 yen to the dollar. So you'll get 181 dollars and eighty-one cents. How would you like your money, sir?
T : Well, **I'd like my money mostly in twenties, please.**
B : Certainly, sir. I'll be back with your money in a moment.

85．お金を交換する

> お金は主として20ドル札でお願いします。

タカシは円をドルに交換したい。彼は銀行に行って窓口の係りの人（bank teller バ）に話す。

バ： いらっしゃいませ。
タ： お金をドルに変えたいのですが。
バ： いくら交換されますか。
タ： 2万円お願いします。
バ： ええっと、今日の交換レートは1ドル110円ですから、それで181ドルと81セントになります。内訳はどういたしましょうか。
タ： それでは、**お金は主として20ドル札でお願いします**。
バ： かしこまりました。すぐご用意して参ります。

注
in twenties	20ドル札で。ドル札の複数形なので、twenties のように複数形になる。
exchange rate	交換レート
How would you like your money?	お金の内訳はどういたしましょうか？
mostly	主として、ほとんど

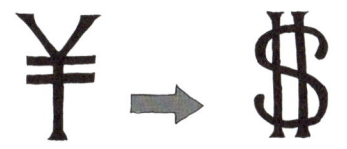

ちょっとひと言

店やチップように、絶えず、小銭を用意しておきたい。アメリカの店は日本の店と違って、大きな額のお金を壊してもらえるとは限らない。あまり大きな札、たとえば、100ドル札を多量に使ったりすると、店の係りのひとは疑いの目で接してくるかもしれない。アメリカでは多額のお金をいつも持ち歩く社会ではないからである。

Part 13   Getting Things Done

86. Cashing a Traveler's Check

> **I'd like to cash this traveler's check.**

Takashi wants to cash some of his traveler's checks. He goes to a bank and talks with a bank teller.

B :   May I help you, sir?
T :   **I'd like to cash this traveler's check.**
B :   Sure.

The teller points at a line on the traveler's check.

B :   Please sign here on this line.
T :   All right.

Takashi signs the three checks.

B :   May I see some ID, please?
T :   Sure. Here's my passport.

86．旅行者用小切手を現金に換える

　この旅行者用小切手を現金に換えたいのですが。

タカシは旅行者用小切手を現金に換えたい。彼は銀行に行って、窓口の係りの人（bank teller バ）に話す。

バ：　いらっしゃいませ。
タ：　この旅行者用小切手を現金に換えたいのですが。
バ：　承知しました。

係員が旅行者用小切手の一つの線を指さす。

バ：　この線の上にご署名ください。
タ：　わかりました。

タカシは3枚の小切手に署名する。

バ：　身分証明書を見せていただけますか。
タ：　いいですとも。パスポートをどうぞ。

注　traveler's check　　旅行者用小切手
　　　　point at　　　　　　〜を指さす

ちょっとひと言

旅行者用小切手を現金に交換するときには、銀行の係員から身分証明書を求められる。パスポートは身分証明書のひとつ。パスポートは非常に大切なもの。紛失したときのことを考えて、コピーをしておくとよい。コピーがあれば、再度発行してもらうとき、迅速に手続ができる。
運転免許証も身分証明書として使うことができる。

Part 13 Getting Things Done

87. Sending Postcards

> **I'd like to send these postcards to Japan by airmail.**

Takashi wants to send some postcards to his friends in Japan. He goes to the nearest post office. He talks with the clerk at a window.

C :   May I help you, sir?
T :   **I'd like to send these postcards to Japan by airmail.**
C :   Just a minute. Let me look up the charge.

The clerk checks his postal-rate table.

C :   That'll be five dollars and fifty cents for the ten cards.
T :   Here's ten dollars.
C :   I'll be back in a moment with your stamps and change.
T :   Thank you.

87．はがきを送る

> この絵はがきを航空便で日本に送りたいのですが。

タカシは、何枚かの絵はがきを日本の友だちに送りたい。最寄りの郵便局に行き、窓口で局員（clerk ク）と話をする。

ク：　いらっしゃいませ。
タ：　この絵はがきを航空便で日本に送りたいのですが。
ク：　ちょっとお待ちください。料金をお調べします。

郵便局員が郵便料金表を調べる。

ク：　はがき10枚で、5ドル50セントになります。
タ：　10ドルをどうぞ。
ク：　切手とおつりをすぐ持ってきます。
タ：　ありがとう。

注
postcard	はがき。「絵はがき」は正式には picture postcard であるが、略して postcard でもよい。
look up	を調べる
postal-rate	郵便料金
stamp	切手

ちょっとひと言

旅先で日本にいる家族や友人に絵はがきやはがきを送るのは、元気な様子や旅を楽しんでいることを知らせる最もよい方法のひとつである。簡単な文を添えてすぐ送るようにしたい。drugstore などに行けば、その土地の絵はがきが容易に入手できる。旅先から日本に送るときの住所は、Japan と書く以外は、日本語のままでよい。

Part 13　Getting Things Done

88. Sending a Package

Track 48

> **I'd like to send it by air, please.**

Takashi wants to send a small package to his parents. He goes to the nearest post office. He talks with the clerk at a window.

C :　What can I do for you, sir?
T :　I'd like to send this package to Japan.
C :　Would you like to send it by surface or by air?
T :　**I'd like to send it by air, please.**
C :　Let me weigh it.... It weighs one pound. That'll be nine twenty-five, please.
T :　How soon will it get to Japan?
C :　It should be there in four to seven days.

88．小包を送る

> 航空便でお願いします。

タカシは、小さな小包を両親に送りたい。彼は最寄りの郵便局に行き、窓口で係員（clerk ク）と話す。

ク： どういうご用件でしょうか。
タ： この小包を日本に送りたいのですが。
ク： 船便ですかそれとも航空便になさりたいですか。
タ： **航空便でお願いします。**
ク： 計ってみましょう。1ポンドです。9ドル、25セントになります。
タ： 日本にはどれくらいで着きますか。
ク： 4日から、7日ほどで着くはずです。

注
by air	航空便で
package	小包
by surface	船便で、普通便で
pound	ポンド。1ポンドは0.453kg

ちょっとひと言

アメリカの日常生活では、重さの単位としてポンドが使われている。日本ではkgなので、慣れるまでピンとこない。人の体重もポンドで表し、買い物をするとき、さまざまな品物の重さもポンドで表す。1ポンドは0.453kgである。
surface mailとは、飛行機以外の交通手段、たとえば、トラック、汽車、船などによって輸送するものをいう。

89. Getting a Haircut

> **Could you trim it around the sides and take a little off the top?**

Takashi wants to get a haircut. He goes to a barber shop and talks with a barber.

B : How would you like to have your hair cut?
T : **Could you trim it around the sides and take a little off the top?**
B : Certainly, sir. Do you want me to leave the sideburns?
T : Trim them just a bit, please.

The barber cuts Takashi's hair.

B : That's about it. How do you like it?
T : It looks good. How much do I owe you?
B : Ten dollars, please.

89. 散髪をする

> 両側を刈って、上を少し切ってくれますか？

タカシは、ヘアカットをしたいと思っている。理髪店に行って、理髪師（barber バ）と話をする。

バ： 髪はどういたしましょうか。
タ： **両側を刈って、上を少し切ってくれますか。**
バ： かしこまりました。もみあげは残しましょうか。
タ： もみあげも少し切ってください。

床屋はタカシの髪を切る。

バ： 終わりました。どうでしょうか。
タ： いいですね。いくらですか。
バ： 10ドルです。

注		
	barber	床屋
	trim	〜を刈込む
	sideburns	もみあげ
	owe	負う

ちょっとひと言

「理髪店で」という英語表現は、at a barber とは言わず、at a barber shop のように、shop を付けて使うのが普通の言い方である。
Barber は欧米では男性が多く、男性の散髪をすることが多い。女性が対象の場合には、barber ではなく、hairdresser という語を使う。

Part 14 At the Hotel

90. Making a Hotel Reservation (1)

> **I'd like to reserve a single room at your downtown Chicago hotel.**

Takashi wants to stay at a hotel in Chicago on his way back to Japan. He calls the hotel reservation center and talks to a clerk.

C : Reservations, may I help you?
T : **I'd like to reserve a single room at your downtown Chicago hotel.**
C : For what nights, sir?
T : For the nights of August 14th and 15th.
C : Just a moment. We have a non-smoking room with a king-sized bed on those two nights.
T : How much will it be?
C : It'll be 110 dollars a night plus tax, sir.
T : All right. I'll take it.

Part 14　ホテルで

90．ホテルの予約をする（1）

> ダウンタウンのシカゴホテルで、シングルを予約したいのです。

タカシは日本に帰る途中で、シカゴのホテルに泊まりたい。彼はホテルの予約センターに電話をする。係員（clerk ク）と話をする。

ク：　予約センターでございます。どういうご用件でしょうか。
タ：　ダウンタウンのシカゴホテルで、シングルを予約したいのです。
ク：　いつでしょうか。
タ：　8月14日と15日の夜、お願いします。
ク：　ちょっとお待ちください。二日ともキングサイズのベッドのついた、禁煙の部屋がございます。
タ：　いくらでしょうか。
ク：　一晩110ドルです。それに税金がかかります。
タ：　わかりました。お願いします。

注
reservation	予約
downtown	ダウンタウン。「下町」ではない。ダウンタウンは金融や商業の中心地をいう。
king-sized	特大の
plus tax	税金が余分にかかることをいう表現
I'll take it.	それに決めます。

ちょっとひと言

ホテルの税金は、アメリカ50州のそれぞれの州によって異なる。つまり、州法によって税率が決まっている。ふつう、10パーセントから、15パーセントくらいである。
日本では予約のとき、3日、4日などのように、「日」ということばを使うことが多いが、アメリカでは3日の夜、4日の夜などのように、「夜」ということばをつけ加えることが多い。

Part 14　At the Hotel

91. Making a Hotel Reservation (2)

> **Do you have anything at a lower rate?**

Takashi wants to stay at a hotel in Chicago on his way back to Japan. He calls the hotel reservation center and talks to a clerk.

C : Reservations, may I help you?
T : I'd like to reserve a room near O'Hare International Airport for the night of August 15th.
C : Let me see. We have a room with a king-sized bed for 90 dollars.
T : **Do you have anything at a lower rate?**
C : We have a room with a queen-sized bed for 75 dollars.
T : I'll take the 75-dollar room.

91. ホテルの予約をする (2)

> 少し安いのはありますか？

タカシは日本に帰る途中で、シカゴのホテルに泊まりたい。彼はホテルの予約センターに電話をする。係員（clerk　ク）と話をする。

ク：　予約センターでございます。どういうご用件でしょうか。
タ：　8月15日の夜、オヘア国際空港の近くで1部屋予約したいのですが。
ク：　ちょっとお待ちください。90ドルでキングサイズのベッドがついた部屋がございます。
タ：　少し安いのはありますか。
ク：　75ドルで、クイーンサイズのベッドがついた部屋がございます。
タ：　75ドルの部屋をお願いします。

注　rate　　　　　料金。特にサービスの料金をいう。

ちょっとひと言

ホテルの部屋のタイプにはいろいろある。
　　　single　　　　シングルルーム
　　　double　　　　ダブルルーム
　　　queen　　　　クイーン
　　　king　　　　　キング
大きさから言うと、queen-sized bed は、3人くらいが寝れる。また、king-sized bed であれば、4人ほどが寝れる大きさである。しかし、普通はこのように大きなベッドでも、1人であるいは二人で寝る。

Part 14 At the Hotel

92. Making a Hotel Reservation (3)

> I'd like to guarantee a room with my Visa card.

Takashi has decided which room he would like to stay. He finishes making his reservation and talks to the hotel clerk.

C :   How would you like to guarantee your room?
T :   **I'd like to guarantee a room with my Visa card.**
C :   May I have the number, please?
T :   Just a second. It's 4487-9999-8808-7654.
C :   When does it expire, sir?
T :   It's good until October, 2003.

Part 14　ホテルで

92．ホテルの予約をする（3）

　ビザカードで部屋の保証をします。　

タカシは、どの部屋に泊まるか決めた。彼は予約をし終える。ホテルの係員（clerk ク）と話をする。

ク：　どのように、あなたのお部屋を保証なさいますか。
タ：　ビザカードで部屋の保証をします。
ク：　番号をお願いします。
タ：　ちょっとお待ちください。番号は、4487-9999-8808-7654 です。
ジ：　カードはいつ無効になりますか。
タ：　2003年の10月まで有効です。

注　guarantee　　　　保証する
　　expire　　　　　　有効期限が無効になる

　ちょっとひと言　

アメリカではいろいろな所でクレジットカードが求められる。クレジットカードを取得するには、身元や金銭面の保証がなければ発行してもらえない。従って、クレジットカードを取得していることがその人物の保証につながるのである。現金を持ち歩くことは危険でもあり、保証にはつながらない。

Part 14 At the Hotel

93. Checking In at a Hotel (1)

Track 50

> **I've reserved a room for tonight.**

Takashi has arrived at his hotel. He checks in. He talks to a clerk at the front desk.

C : Good evening, sir. What can I do for you?
T : **I've reserved a room for tonight.**
C : Your name, please?
T : Suzuki. S-U-Z-U-K-I.
C : Thank you. Yes, you have a room with a queen-sized bed reserved for one night.
T : May I check in now?
C : Sure. Your room is ready. Just fill out this slip.

93. ホテルでチェックインする (1)

> 今夜、部屋を予約しています。

タカシはホテルに着いたばかりである。チェックインをする。彼はフロントで係員 (clerk ク) と話す。

ク： 今晩は。いらっしゃいませ。
タ： **今夜、部屋を予約しています。**
ク： お名前をお願いします。
タ： 鈴木です。S‐U‐Z‐U‐K‐Iです。
ク： ありがとうございます。はい、一晩、クイーンサイズのベッドがついたお部屋をご用意してございます。
タ： チェックインしてもよろしいですか。
ク： 結構でございます。お部屋はご準備できております。この用紙にご記入ください。

注　front desk　　　　フロント
　　　 fill out　　　　　（用紙など）に記入する
　　　 slip　　　　　　　伝票、用紙

ちょっとひと言

日本語ではフロントというが、正しい英語表現は、front desk である。英語で front と言えば、ホテルの受付などを行うフロントの意味ではなく、「～の前」という意味に取られてしまう。front で待ち合わせたら、相手のアメリカ人がホテルの前で待っていたという話をときどき聞く。
日本語の名前は分かりづらい。こんなときは、英語のアルファベットでゆっくりと言うと間違いない。

Part 14 At the Hotel

94. Checking In at a Hotel (2)

What is your check-out time?

Takashi is checking in at his hotel. He talks to a clerk at the front desk.

T : **What is your check-out time?**
C : It's twelve noon, sir.
T : Could you give me a wake-up call?
C : Certainly, sir. What time?
T : Seven o'clock.
C : All right. We'll give you a wake-up call at seven o'clock tomorrow morning. Have a nice stay.

94. ホテルでチェックインする (2)

> チェックアウトはいつですか？

タカシは、ホテルでチェックインしている。彼はフロントで係員（clerk ク）と話す。

タ： チェックアウトはいつですか。
ク： 12時でございます。
タ： 朝、起こしてもらえますか。
ク： かしこまりました。何時がよろしいでしょうか。
タ： 7時にお願いします。
ク： わかりました。明日の朝、7時に目覚ましの電話をさしあげます。すばらしい日をお過ごしください。

注 wake-up call 目を覚ます目的で、フロントが掛ける電話

ちょっとひと言

最近では、多くのホテルにオートマチックの目覚まし時計が容易されている。自分で好きなようにセットできる。しかし、念のため、フロントにお願いしておけば、間違いない。
チェックアウトの時間は、午前11時や正午というホテルが多い。

Part 14   At the Hotel

95. Asking about a Restaurant (1)

Are they still open?

Takashi goes to the front desk to ask for some information. He asks the clerk about a restaurant.

T :   Does this hotel have a restaurant?
C :   Yes, there's a coffee shop on the first floor and we have a Chinese restaurant on the tenth floor.
T :   **Are they still open?**
C :   Yes, they're both open until ten o'clock.
T :   And where will breakfast be served in the morning?
C :   On the first floor from six until ten, sir.

Part 14　ホテルで

95．レストランについて聞く（1）

> まだ開いていますか？

タカシは、情報を得るためにフロントに行く。彼はレストランについて係員（clerk ク）に聞く。

タ：　このホテルにはレストランがありますか。
ク：　はい。1階には喫茶店がありますし、10階には中華料理店がございます。
タ：　まだ開いていますか。
ク：　はい、2軒とも10時まで開いております。
タ：　朝、朝食はどこで食べれますか。
ク：　1階でございます。6時から10時までになっております。

注　coffee shop　　　喫茶店

ちょっとひと言

日本のコーヒーショップとアメリカの coffee shop とには、少し違いがある。日本のコーヒーショップでは、さまざまな種類のコーヒーを楽しむことができるが、アメリカのコーヒーショップは、日本のように異なるコーヒーを楽しむことはできない。アメリカのコーヒーショップは日本でいうと喫茶店に相当する。コーヒーのほか、いろいろな軽食を食べることが可能である。また、アメリカの coffee shop は、コーヒーの値段も極めて安い。

Part 14 At the Hotel

96. Asking about a Restaurant (2)

Track 52

> **Could you recommend a good restaurant around here?**

Takashi goes to the front desk to ask for some information. He asks about a restaurant.

T : Does this hotel have a restaurant?
C : No, I'm sorry, we don't.
T : **Could you recommend a good restaurant around here?**
C : What kind of food would you like to have?
T : Any kind of food will be fine.
C : Well, there is a Mexican restaurant called El Torito near here. It's just a block down the street.
T : Thank you.

96. レストランについて聞く (2)

> このあたりにいいレストランがありますか？

タカシは、情報を得るためにフロントに行く。彼はレストランについて聞く。

タ： このホテルにはレストランがありますか。
ク： 申し訳ありません。あいにく、当ホテルにはございません。
タ： このあたりにいいレストランがありますか。
ク： どんな食べ物をお考えですか。
タ： どんな食べ物でもかまいません。
ク： そうですね。このあたりにはエル・トリトという、メキシカンレストランがあります。そこの通りを1丁ほど行ったところです。
タ： ありがとう。

注　recommend　　　薦める
　　el torito　　　　スペイン語で、「小さい闘牛」を意味する。
　　block　　　　　（4つの街路で囲まれた）街区、区域

ちょっとひと言

アメリカは「人種のるつぼ」と言われる国だけあって、実にさまざまな人々が住んでいる。いろいろな人々がいるということは、それだけ、いろいろな食べ物、レストランがあるということである。時間と労力をいとわなければ、さまざまな ethnic food（民族料理）が満喫できる。

Part 14 At the Hotel

97. Hotel Laundry Service

Track 52

> **When will the laundry be ready?**

Takashi goes to the front desk and asks the clerk about their laundry service.

T : Does this hotel have laundry service?
C : Yes, we do. Just fill out this slip and bring it down here with your laundry by eight tomorrow morning.
T : **When will the laundry be ready?**
C : It'll be done by four o'clock the same day.
T : Should I pick it up here or will it be delivered to my room?
C : It'll be delivered to your room.

200

97．ホテルの洗濯サービス

> 洗濯物はいつ仕上がりますか？

タカシは、フロントに行って、洗濯のサービスについて、フロントの係員（clerk ク）に聞く。

タ： このホテルでは洗濯サービスがありますか。
ク： はい。あります。この用紙にご記入なさって、明日の朝8時までにお洗濯物と一緒にここまでお持ちになってください。
タ： **洗濯物はいつ仕上がりますか。**
ク： 同じ日の4時までにご用意できます。
タ： ここに取りに来るのですか、それとも部屋に配達してもらえるのですか。
ク： お部屋まで持って参ります。

注　laundry　　　　洗濯物
　　deliver　　　　～を届ける

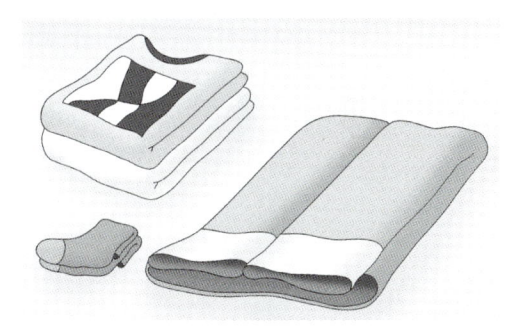

ちょっとひと言

便利のいいものはおしなべて高い。ホテルにいながらにして汚れたものを洗濯してもらえるサービスは、たくさんの衣類を持ち歩かなくてよいが、かなりの料金になる。
時間にゆとりがあったり、料金を節約しようと思えば、自分で洗濯する場所を探すとよい。ホテルによってはホテルの中に自分ですべて洗濯できる設備を整えているところもある。

Part 14　At the Hotel

98. Hotel Laundromat

> **How much change will I need?**

Takashi goes to the front desk and asks the clerk about their coin-operated laundry.

T :　Does this hotel have a coin-operated laundry?
C :　Yes, there is a laundromat in the basement.
T :　Can I get the soap down there?
C :　Yes, there is a vending machine for the soap downstairs.
T :　**How much change will I need?**
C :　You'll need four quarters for the washer and three for the dryer.

98. ホテルのコインランドリー

> 小銭はどれくらい必要ですか？

タカシは、フロントに行って、コインランドリーについてフロントの係員（clerk ク）に聞く。

タ： このホテルにはコインランドリーがありますか。
ク： はい、地下にございます。
タ： そこで石けんは買えますか。
ク： はい。階下に石けん用の自動販売機があります。
タ： **小銭はどれくらい必要ですか。**
ク： 洗濯機に25セント硬貨が4枚、乾燥機に3枚必要です。

注
laundromat	アメリカにある、コインランドリーの商標名。
change	小銭
operate	〜を操作する
basement	地下
soap	石けん
washer	洗濯機
dryer	乾燥機

> ちょっとひと言

コインは洗濯などをするとき必要になってくる。アメリカのコインにはそれぞれ愛称が与えられている。愛称は次の通りである。

1セント硬貨	penny
5セント硬貨	nickel
10セント硬貨	dime
25セント硬貨	quarter
50セント硬貨	half dollar
1ドル硬貨	silver dollar ; dollar coin

Part 14　At the Hotel

99. When You're Locked Out

> **I've just locked myself out of my room.**

Takashi locks himself out of his room and goes to the front desk to ask for help.

T :　Excuse me, ma'am? **I've just locked myself out of my room.**
C :　What room are you in, sir?
T :　I'm in room 1407.
C :　Is your key in your room?
T :　Yes. I stepped out to get a soft drink and the door shut automatically.
C :　I see. I'll have someone go with you to your room with the master key. Please wait here.

99．自分を閉め出したとき

> 自分を閉め出してしまったんです。

タカシは自分の部屋から自分自身を閉め出してしまった。フロントに行き、係員（clerk ク）に助けを求める。

タ： すみません。自分を閉め出してしまったんです。
ク： お部屋はどこでしょうか。
タ： 1407号室です。
ク： 鍵は部屋にありますか。
タ： はい。ソフトドリンクを買おうとして外に出たら、ドアが自動的にしまったのです。
ク： わかりました。マスターキーを持たせて誰かをお部屋に差し向けます。ここでお待ちください。

注　lock out　〈人〉をうっかり閉め出す
　　　 step out　外に出る

ちょっとひと言

安全性の理由から、アメリカのホテルでは、部屋から出ると自動的にドアがしまるようになっているケースが多い。部屋から出るときは、必ず鍵を持って出るようにしたい。ホテルによっては、プラスチックのカードを使うようになっているものもある。このカードは、利用者が一度使うと同じカードは使えないようになっている。これもホテル利用者の安全性を考えてのことである。

Part 14　At the Hotel

100. Making a Phone Call from Your Room

> **I'd like to make an international call to Japan.**

Takashi wants to make a phone call from his hotel room, but doesn't know how to use the phone. He calls the front desk and asks the clerk.

C : 　Front desk.
T : 　Excuse me, but I'd like to make a call from my room.
C : 　Is it a local call or a long-distance call?
T : 　**I'd like to make an international call to Japan.**
C : 　All right. First dial 8 for an outside line, then the country code 81, the area code, and lastly the number.
T : 　Eight plus 81 plus the area code plus the number, right?
C : 　You got it.

100. 部屋から電話をする

> 日本に国際電話をしたいのです。

タカシは、自分の部屋から電話をかけたい。しかし、電話の使い方が分からない。彼はフロントを呼び、係員（clerk ク）に助けを求める。

ク： フロントでございます。

タ： すみません。部屋から電話をしたいのですが。

ク： それは市内通話ですか、それとも長距離通話ですか。

タ： **日本に国際電話をしたいのです。**

ク： 承知しました。最初に市外通話用にダイヤルの8をお回しください。それから国局番の81、市外局番、そして最後に番号を回してください。

タ： 8に81、市外局番、そして番号ですね。

ク： その通りでございます。

注
local call	市内通話
long-distance call	長距離通話
international call	国際通話
outside line	外線
country code	国局番
area code	市外局番

ちょっとひと言

ホテルからの電話料金は、便利はいいがかなり割高になる。A＆Tの calling card （電話カード）をあらかじめ購入しておくと、かなりの節約になる。モーテルによっては、こうした calling card を使ったり、あるいは、collect call で電話するように求めるところもある。collect call は、受話器を取った方が電話代を支払う方式の電話のかけ方をいう。

Part 14 At the Hotel

101. Checking Out

> **I made two phone calls and had a Coke from the mini-bar.**

Takashi is ready to check out of the hotel. He talks with a clerk at the front desk.

T : I'd like to check out now. Here's my key.

C : Did you make any phone calls or have anything from the mini-bar?

T : Yes, **I made two phone calls and had a Coke from the mini-bar.**

C : That'll be three fifty for the phone calls and a dollar for the Coke.

T : OK. Here you are.

C : Just a second, and I'll make a receipt for you.

Part 14　ホテルで

101．チェックアウト

> 電話を2回かけました。そして冷蔵庫のコーラを
> 1本飲みました。

タカシはホテルをチェックアウトしようとしている。彼は、フロントの係員（clerk ク）と話をしている。

タ： チェックアウトをしたいのです。これが鍵です。
ク： 電話はなさいましたか。それにミニバーで何か飲まれましたか。
タ： はい、**電話を2回かけました。そして冷蔵庫のコーラを1本飲みました。**
ク： 電話代が3ドル50セントで、コーラが1ドルになります。
タ： わかりました。これをどうぞ。
ク： ちょっとお待ちください。領収書をご用意します。

注　Coke　　　　　Coca-Cola の略。
　　　mini-bar　　　部屋の中にある小さなバー
　　　receipt　　　　pは黙字で発音しない。

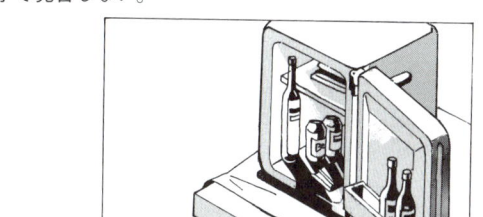

ちょっとひと言

ホテルによっては、冷蔵庫を用意しているところもある。冷蔵庫に入っているドリンクは、容器にさわっても飲まなければ料金に加えられないところもあるが、場所によっては、ボトルや容器を取り出したら、自動的に料金がフロントで計算されるようになっている所もある。冷蔵庫の中のものに触れるときにはご用心！
ホテルなどの冷蔵庫をアメリカ英語では mini-bar と言う。家庭の冷蔵庫は refrigerator という。この refrigerator は長い単語なので、イギリス英語では略して fridge というが、アメリカ英語では fridge は使わない。

Part 15 Shopping

102. Window Shopping

> **I'm just looking.**

Takashi is looking at some shirts at a department store. A clerk comes up and talks to him.

C : Is there something I can do for you?
T : Not right now, thank you. **I'm just looking.**
C : If you need something, just let me know.
T : Well, could you tell me where I could find the smalls?
C : They're in that section over there.
T : Thank you.

Part 15 買い物

102. ウインドウ・ショッピング

> 見てるだけです。

タカシは、あるデパートでシャツを見ている。そこに店員（clerk ク）がやってきて、彼に話しかける。

ク： 何かお探しですか。
タ： いえ、別に。ありがとう。**見てるだけです。**
ク： もし何かございましたら、お知らせください。
タ： ああ、小物類はどこに行けばいいんでしょうか。
ク： あそこのあのセクションにございます。
タ： ありがとうございます。

注 smalls　　　小物類

ちょっとひと言

店員と長く話していると、つい、何か買わなければいけないような気持ちになることがあるが、このような状況にさせない表現が I'm just looking. である。ただ見ているだけであるから、店員もこの表現を聞くと話しかけてこない。

Part 15   Shopping

103. Looking for an Item

> **I'm looking for a Cincinnati T-shirt.**

Takashi is at a department store. He wants to buy a Cincinnati T-shirt. He talks to a clerk.

C :   May I help you?
T :   **I'm looking for a Cincinnati T-shirt.** Could you tell me where they are?
C :   You mean a souvenir T-shirt of our city?
T :   Yes, I'd like to get one for a friend.
C :   Please follow me.

The clerk takes Takashi to the counter with the Cincinnati T-shirts.

C :   The Cincinnati T-shirts are over at the end of this aisle.
T :   Thank you.

103．品物を探す

> シンシナティのTシャツを探しています。

タカシは、デパートにいる。かれはシンシナティのTシャツを探している。係員（clerk ク）と話をする。

ク： いらっしゃいませ。
タ： シンシナティのTシャツを探しています。どこにあるか教えていただけますか。
ク： おみやげ用の私たちの町のTシャツのことですか。
タ： はい。友人に1着買いたいのです。
ク： こちらにお出でください。

店員がタカシをシンシナティのTシャツがあるカウンターに案内する

ク： シンシナティのTシャツは、この通路の最後のところにあります。
タ： ありがとうございました。

注　item　　　　品物
　　aisle　　　　通路。sは黙字

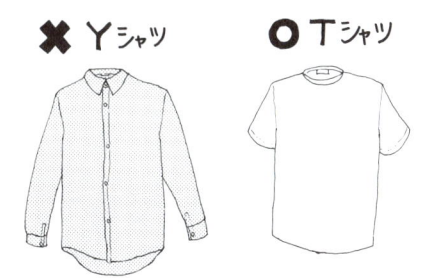

✗ Yシャツ　　○ Tシャツ

ちょっとひと言

Tシャツは形が英語の大文字のTに似ていることからTシャツと呼ぶようになった。日本語でワイシャツという言い方をするが、この言い方は正しくない。white shirt のwhite の発音が、[hwait] の [h] を発音しないと [wait] となり、最後の [t] 音も聞きにくいことから、[wai] と思いこみ、ワイシャツと呼ばれるようになった。

Part 15   Shopping

104. Sizes and Designs

> **Do you have a smaller one with the same design?**

Takashi is at a department store. He is looking at a sports shirt. He talks to a clerk.

T : I'm looking for a sports shirt, but do you have any with a different design?
C : How about these over here?
T : I like this one, but it's a large. **Do you have a smaller one with the same design?**
C : Let me look through these and see... We seem to be out of the smaller sizes.

Takashi picks up another sports shirt.

T : Do you have a small like this one?
C : Here's one.
T : Good. May I try it on?

104. サイズとデザイン

> 同じデザインで、もう少し小さいのがありますか？

タカシは、デパートにいる。彼はスポーツシャツを見ている。係員（clerk ク）に話す。

タ： シャツを探しているんですが、これとは違ったデザインのはありますか。
ク： こちらのはどうですか。
タ： これは好きですが、大きすぎます。同じデザインで、もう少し小さいのがありますか。
ク： 調べてみましょう。このサイズはないようです。

タカシは別のスポーツシャツを取り上げる。

タ： これくらいの小さいのがありますか。
ク： これをどうぞ。
タ： よかった。着てみてもいいですか。

注
design	デザイン。gは黙字で、発音しない。
look through	～を詳しく調べる
be out of ～	（一時的に）不足して
pick up	～持ち上げる
try on	～を試着する

ちょっとひと言

日本でも最近、大きな人が多くなってきたが、アメリカ人には大きな人が多い。洋服のサイズは、日本でもアメリカでも、小さい順にS，M，Lとなっている。しかし、日本でLを着る人でも、アメリカではMサイズでちょうどいいようだ。ひとサイズ違ってくる。

Part 15   Shopping

105. Prices

> **Do you have anything cheaper?**

Takashi is at a department store. He is looking for a sweater. He talks to a clerk.

T :   I'd like to buy a sweater. Could you show me some?
C :   Sure. Just step over here. How about this one?
T :   It looks nice. How much is it?
C :   It's 109.95.
T :   **Do you have anything cheaper?**
C :   This is a nice one for 59.95.
T :   That's much better. I'll take it.

105. 値段

> もっと安いのはありますか？

タカシはデパートにいる。セーターを探している。彼は係員（clerk ク）に話しかける。

タ： セーターを買いたいのですが、ちょっと見せていただけますか。
ク： わかりました。こちらへどうぞ。これはいかがでしょうか。
タ： いいですね。いくらですか。
ク： 109 ドル、95 セントです。
タ： **もっと安いのはありますか。**
ク： これもいいものですが、値段は 59 ドル、95 セントです。
タ： その方がいいです。それにします。

注
- cheap　　　　　安い。cheap には、「安っぽい」という意味もあるので、状況によって悪い意味にもなるので注意。
- sweater　　　　セーター。sweat は「汗」。汗を出させるものが sweater ということである。
- step　　　　　　（短い距離）を歩く
- I'll take it.　　　それにする、それを買う

> ちょっとひと言

値段は定価がついていて交渉できないところもあるが、同じ品物でも交渉次第で大きく変わる場合もある。値段を下げてほしい時の表現は、
　　Can you make it cheaper?　　　もっと安くなりませんか。
　　Is the price negotiable?
　　Can you make a discount on this?
　　I want to stay under 100 dollars.　予算は 100 ドルまでです。
などがある。

Part 15   Shopping

106. Credit Cards

> **May I charge it on my Visa card?**

Takashi is at a clothing store. He has decided to buy a sports shirt. He talks to a cashier.

C :   That'll be eighty-three forty-seven, please. Cash or charge?
T :   I'd like to use one of my traveler's checks.
C :   I'm sorry, sir. We don't accept traveler's checks.
T :   Then, **may I charge it on my Visa card?**
C :   That'll be fine.

Takashi hands his credit card to the cashier.

T :   Here you are.

Part 15　買い物

106．クレジットカード

> ビザカードで払えますか？

タカシは、洋服店にいる。スポーツシャツを買いたいと思っている。彼はレジの人（cashier キ）と話をする。

キ：　83ドル、47セントになります。現金ですかそれともカードでしょうか。

タ：　旅行者用小切手を使いたいのですが。

キ：　ごめんなさい。当店では旅行者用小切手は扱っておりません。

タ：　それでは、**ビザカードで払えますか**。

キ：　結構でございます。

タカシはクレジットカードをレジ係に手渡す。

キ：　これをどうぞ。

注		
	charge	つけで買う
	clothing	衣類。clothes 服。cloth 布切れ。この３つの単語は紛らわしいので注意。
	sports	スポーツ。sports はほとんど複数形で使うことが多い。data と言う語は複数形で datum が単数形。単語によって、複数形で使うことが多いものもある。
	cashier	レジ係
	hand to	～に手渡す

ちょっとひと言

ビザはほとんどどこでも利用できる。ＪＣＢは、どこでもというわけではないが、利用できるところも多くなっている。American Express は、ときどき利用できないところもある。

Part 15   Shopping

107. Traveler's Checks

Do you accept traveler's checks?

Takashi is at a clothing store. He has decided to buy a sports shirt. He talks to a cashier.

C : That'll be eighty-three, forty-seven, please. Cash or charge?
T : **Do you accept traveler's checks?**
C : Yes, we do.
T : May I give you a hundred?
C : Sure. Could you show me some ID?
T : Will my passport do?
C : Certainly.

107. 旅行者用小切手

> 旅行者用小切手が使えますか？

タカシは、洋服店にいる。スポーツシャツを買うことにした。彼はレジの人（cashier キ）と話をする。

キ： 83ドル、47セントになります。現金ですかそれともカードでしょうか。
タ： **旅行者用小切手が使えますか。**
キ： はい。使えます。
タ： 100ドルでよろしいですか。
キ： ええ、結構です。身分証明書を拝見できますか。
タ： パスポートでいいですか。
キ： よろしゅうございます。

注
traveler's checks	旅行者用小切手
accept	〜を受けとる
a hundred	100ドル用の旅行者用小切手1枚。2枚であれば、two hundreds のように hundred に複数の s を付ける。
ID	identification の略。身分証明書。
Will my passport do?	パスポートでもいいですか。

ちょっとひと言

旅行者用小切手を使うときには、必ずといっていいほど、身分証明書を提示するように言われる。旅行者用小切手を使っていろいろと買い物をするときは、取り出しやすいところにパスポートを用意しておくとよい。

108. Returning Goods

> **I'd like to return this.**

Takashi has bought a souvenir for his family. After he gets home, he finds a sticker on it saying "Made in Japan". He takes it back to the store and talks to a clerk.

T : **I'd like to return this.**
C : Do you have your receipt?
T : Yes, here you are.
C : Is there anything wrong with it?
T : It's fine, but I found that it was made in Japan. I want to give it to a friend who lives in Japan.
C : I understand. Would you like to exchange it for something else?
T : I'd appreciate that.
C : Please come back here when you have found something you like.

108．品物を返却する

> これを返却したいのですが。

タカシは、家族のために土産を買った。しかし、家に戻ってからそれが日本製であることをしめすステッカーに気が付いた。彼は店に土産をもっていき、係員（clerk ク）と話をする。

タ： これを返却したいのですが。

ク： 領収書をお持ちですか。

タ： はい、持っています。

ク： どこがお気に召さないんでしょうか。

タ： おかしなところはありません。でも日本製だとわかったんです。日本に住んでいる人にあげたいものですから。

ク： わかりました。なにかほかのもとの交換なさりたいですか。

タ： ありがとうございます。

ク： お気に入りのものが見つかりましたら、ここにまたお出でください。

注
- goods　　　品物
- souvenir　　みやげ
- sticker　　　糊のついたラベル。stick は「くっつく」の意。
- exchange　　交換する
- appreciate　　〜に感謝する

ちょっとひと言

国際交流がさかんな時代だけに、アメリカで土産を買うにもさまざまな国で作られたものがある。値段だけに注意して品定めをすると、アメリカよりは人件費の安い国々で作られた品物を買う恐れもある。自分でラベルを見たり、店の人にどこで作られたかを確認してみやげ物を買うようにしたい。また、返却するときは必ず領収書の提示を求められるので、領収書はもらっておきたい。

Part 15　Shopping

109. Local Products

> **Could you recommend something?**

Takashi is at a gift shop and would like to buy a local product. He talks with a clerk.

T : I'd like to buy some souvenirs for my friends in Japan. I'd like to buy something this area is famous for. **Could you recommend something?**
C : How about our chocolate? It is known all over the world.
T : That's a good suggestion. What kinds do you have?
C : We have dark chocolate, milk chocolate and nut chocolate.
T : The nut chocolate looks good. How much is it?
C : It's five dollars a box.
T : All right. Ten boxes, please.

Part 15　買い物

109. 特産品

> 何かお薦めのものはありますか？

タカシは、おみやげ店にいて、何か特産品を買いたいと思っている。店の人（clerk　ク）と話をする。

タ： 日本の友だちに何かおみやげを買いたいのです。この地方で有名な何かを買いたいと思っています。**何かお薦めのもはありますか。**

ク： 私たちのチョコレートはどうですか。世界中で知られています。

タ： それはいいですね。どんな種類がありますか。

ク： ダークチョコ、ミルクチョコ、それにナッツチョコがあります。

タ： ナッツチョコがよさそうです。いくらですか。

ク： 1箱5ドルです。

タ： わかりました。10箱お願いします。

注
local product	特産品
recommend	薦める（つづりに注意）
be famous for ～	～で有名である
all over the world	世界中で
suggestion	提案
five dollars a box	1箱につき5ドル（この場合のaは、「～につき」の意）

ちょっとひと言

チョコレートにはいろいろな種類がある。できれば日本とはひと味違うのが喜ばれよう。友人にいくつか必要であれば、大きな箱詰めにされたものは割安である。このチョコレートも、特産品であることを確かめておくのがよい。ときに、外国製のものも売っていることがある。

Part 15　Shopping

110. Bargaining at a Flea Market

> **Could you bring down the price a little?**

Takashi is at a flea market and finds a nice vase. Takashi talks with a woman at the booth.

T :　I'm interested in this vase. You're selling it for twelve dollars? **Could you bring down the price a little?**
W:　How about eleven dollars?
T :　I'm sorry, I have only ten dollars on me, but I really like the vase. Would it be possible for you sell it to me for ten dollars?
W:　Let me see. Sure. OK.
T :　Thank you. I really like it.
W:　I'll wrap it for you.

110. のみの市で商談する

> 少し値段を下げていただけますか？

タカシは、のみの市にいて、すてきな花瓶を見つける。売店の女の人（woman ウ）と話をする。

タ： この花瓶に興味があります。12ドルですか。**少し値段を下げていただけませんか。**

ウ： 11ドルではどうですか。

タ： ごめんさない。10ドルしか予算がありません。でも、この花瓶が本当に好きなんです。10ドルで売っていただくことはできませんか。

ウ： そうですね。いいでしょう。わかりました。

タ： ありがとう。ほんとうに気に入りました。

ウ： 包んであげましょう。

注
- flea market　　蚤の市
- vase　　　　　花瓶（base と発音が混同しやすいので注意）
- bring down　　（値段）を下げる
- wrap　　　　　包む

> ちょっとひと言

アメリカでは、不要になったものを garage sale といって、自分の車庫などを利用して売ることもあるし、大きな場所、たとえば、野球場などで flea market（のみの市）をたてて、安く売ることも多い。古い品物ばかりでなく、新鮮な果物、新しい洋服なども安く売っていることがある。活気もあり、地元の人々がよく行くので、文化の一端に触れることができる。

Part 16 At College

111. Community Colleges

> **What's the difference between a community college and a university?**

Takashi visits a college campus nearby and talks with Mary, one of the students studying there.

T : This is a really beautiful university, isn't it?
M : It's not a university. It's a community college.
T : **What's the difference between a community college and a university?**
M : A university is a big school with many departments, while a community college is a two-year college for local people.
T : Is that the same as a junior college?
M : Yes, many of us will transfer to a bigger school after we graduate from here.

Part 16 大学で

111. コミュニティーカレッジ

> コミュニティーカレッジとユニバーシティの違いは何ですか？

タカシは、近くの大学のキャンパスを訪れる。そこで勉強している学生のメアリー (Mary メ) と話をする。

タ： これは本当にきれいなユニバーシティーですね。
メ： ここはユニバーシティーではありません。コミュニティーカレッジです。
タ： **コミュニティーカレッドとユニバーシティの違いは何ですか。**
メ： ユニバーシティーは、多くの学部がある大きな学校ですが、コミュニティーカレッジは、地方の人々のための2年の大学です。
タ： それはジュニアカレッジと同じですか。
メ： そうです。私たちの多くはここを卒業すると、大きな学校に転校していきます。

注
community college	コミュニティーカレッジ。アメリカやカナダで開かれている大学で、地域社会の要求にマッチした人材を養成するための地域短期大学をいう。
department	学部
junior college	短期大学
transfer	転校する
graduate from	～を卒業する

ちょっとひと言

アメリカには、日本の国立大学に相当する大学はない。州立に相当する大学には2種類ある。例えば、カリフォルニア州で言えば、University of California と California State University の系列がある。アメリカには、州立大学のほか、州の中のいくつかの市町村が集まってつくった community college がある。また、多くの私立大学 (private university) がある。

112. Entrance Exams

What do you mean by "not everything"?

Takashi talks with Mary, a community-college student.

T : In Japan, we have very hard entrance exams. In America, do you have to cram for entrance exams while you're in high school?

M: Not really. We do have what we call SATs, but they aren't everything.

T : **What do you mean by "not everything"?**

M: Besides SAT results, colleges look at our grades, our extra-curricular activities and even our part-time work experience.

T : Why do they do that?

M: Because colleges want to choose well-rounded students who are good at doing many different things.

Part 16　大学で

112. 入学試験

> 「すべてではない」とはどういうことですか？

タカシは、コミュニティーカレッジの学生である Mary と話をしている。

タ： 日本では、非常に難しい入学試験があります。アメリカでも、高校に入るとき、入試にむけて、詰め込み勉強をしなくてはいけませんか。

メ： いいえ、そうではありません。私たちはSATという試験がありますが、試験がすべてではありません。

タ： 「すべてではない」とはどういうことですか。

メ： SATの結果のほかに、大学は（高校のときの）成績、部活動、それに、ときにアルバイトの経験なども考慮します。

タ： どうしてそういうことをするのですか。

メ： 大学は、さまざまなことができるバランスのとれた学生がほしいからです。

注
entrance exam	入学試験
cram	詰め込み勉強をする
what we call	いわゆる
SAT	Scholastic Aptitude Test 大学学力［進学］適正テスト
extracurricular activities	部活動
part-time	アルバイト
well-rounded	バランスのとれた

ちょっとひと言

SATは、高等学校で学んだ基礎学力をためす試験である。得点は高いほどよいが、アメリカの大学はいろいろなことを考慮して入学がきまる。推薦状も入学で大きなポイントをしめる。大学に入ってから、ますます、勉強しなくていけない仕組みになっている。

Part 16 At College

113. Intensive English Programs (1)

> **Where can I go to get more information?**

Takashi talks with Linda, a student at Miami University near Cincinnati. Takashi asks her about the intensive English program there.

T : At your school, do you have a lot of students from foreign countries?

L : Yes, we have over a hundred students from over twenty countries.

T : Sounds really international.   Are there a lot of Japanese students?

L : I believe almost half of them are Japanese, but there are many students from other Asian countries, too.   Most of them are taking an intensive English program.

T : I'm really interested in your program.   **Where can I go to get more information?**

L : Their office is on the second floor of that building over there.

Part 16　大学で

113. 英語集中プログラム (1)

> どこでもっと情報が得られますか？

タカシは、シンシナティの近くにあるマイアミ大学で、リンダという学生と話をしている。タカシは彼女に英語集中プログラムについて聞く。

タ： あなたの大学には、外国から多くの学生が来ていますか。

リ： はい。20カ国以上から、100人以上の学生が来ています。

タ： 本当に国際的ですね。日本人の学生も多いですか。

リ： 外国人学生の半分は日本人じゃないかと思います。でも、ほかのアジアの国々からも多くの学生が来ています。彼らのほとんどは英語集中プログラムを受けています。

タ： ここの英語集中プログラムに興味があります。どこでもっと**情報**が**得られますか**。

リ： 事務所はあそこの建物の2階にあります。

注　intensive　　　　　集中的
　　　Miami University　マイアミ州の大学ではなく、オハイオ州のシンシナティの近郊にある、人気のある私立大学。広い敷地に緑が多い。

ちょっとひと言

Intensive English program は、大学の普通のコースとは異なり、独立した組織になっている。ここで集中的に英語の力をつけ、大学の講義に十分ついていける力がつけば、正規の大学生として認められる。いろいろな大学に、intensive English program がある。

Part 16 At College

114. Intensive English Programs (2)

> **I'm interested in your intensive English program.**

Takashi goes to the intensive English program office. He talks with a clerk there.

T : I'm a student from Japan doing a homestay in Cincinnati. **I'm interested in your intensive English program.** Could you tell me more about it?

C : Sure. We have two eighteen-week programs and a four-week summer session.

T : Since I'm a full-time college student in Japan, I'm thinking about attending a summer program. How much is the tuition?

C : It will be five hundred dollars plus your accommodation fee.

T : When is the application deadline?

C : It's the end of next month.

114. 英語集中プログラム (2)

> この大学の英語集中プログラムに興味があります。

タカシは、英語集中プログラムの事務所に行く。係員（clerk ク）と話をする。

タ： 私は日本から来た学生で、シンシナティでホームステイをしています。この大学の英語集中プログラムに興味があります。もっと詳しく説明していただけませんか。

ク： わかりました。ふたつの8週間のプログラムと、ひとつの4週のサマークラスがあります。

タ： 私は日本ではフルタイムの学生ですので、サマープログラムに出席することを考えています。授業料はいくらですか。

ク： 500ドルですが、それに宿泊料が必要です。

タ： 申請書の締切りはいつですか。

ク： 来月の終わりまでです。

注　full-time　　　　　part-time に対応することばで、科目等履修生ではなく、全日制の学生。
　　　attend　　　　　　〜に出席する
　　　tuition　　　　　　授業料
　　　accommodation fee　宿泊料
　　　application　　　　申請書
　　　deadline　　　　　締切り

ちょっとひと言

英語集中プログラムは、1年中行われている。夏の間だけ集中的に行うものを summer program という。夏期のクラスには、世界のいろいろな国々から多数集ってくる。学生の宿泊方法には、大学の寮かホームステイが多い。

115. American Holidays

> May I ask what you do on the Fourth of July?

Takashi is enrolled in an intensive English program. He talks with Ms. Brown, his teacher.

T : We have the Fourth of July weekend coming up next week. **May I ask what you do on the Fourth of July?**
B : As you know, that's our independence day. So we often have picnics and watch parades and fireworks.
T : That sounds exciting!
B : Takashi, what are your plans for the holiday?
T : I'm not sure yet, but I may go on a short trip.
B : Make sure you get an early start because the traffic is really heavy that holiday weekend.

115. アメリカの休日

> 7月4日には何をしますか？

タカシは、集中英語プログラムに登録している。彼は先生の Ms. Brown（ブ）と話をしている。

タ： 来週末は、7月4日ですが、7月4日には何をしますか。
ブ： ご存知のように、7月4日は、アメリカの独立の日です。それで、しばしばピクニックやパレードを見たり、花火を見たりします。
タ： それは面白そうですね。
ブ： タカシ、休日のあなたの予定は何ですか。
タ： まだ、はっきり決めていません。小さな旅行をするかも知れません。
ブ： 休日の週末は車が混むから、早めに出発した方がいいですよ。

注
- holiday　　　休日。イギリス英語では vacation をよく使う。
- independence　独立
- traffic　　　交通

ちょっとひと言

アメリカには2種類の休日がある。1つは宗教的なもので、もう一つ政治的なものである。宗教的なもののいくつかをあげると、Christmas（クリスマス）、Easter（イースター）、Thanksgiving（感謝祭）などがある。政治的なものには、the Fourth of July（独立記念日）、New Year's Day（元旦）、Memorial Day（戦没者追悼記念日）、Labor Day（労働祭）などがある。

Part 16 At College

116. College Bulletin Boards

> **What does it say?**

Takashi is walking on campus and sees a bulletin board. A girl named Jennifer is looking at it. Takashi points at a notice and asks her about it.

T : Excuse me, I can't understand this. **What does it say?**

J : A student is driving to New York in August and would like to find someone to go with him.

T : Why do you think he wants someone to ride with him?

J : What he means is that he would like someone to share his travel expenses.

T : Then, for example, if I wanted to go with him, I'd tear off this tab and contact him. Right?

J : That's right.

116. 大学の掲示板

> どんなことを書いていますか？

タカシは、大学構内を歩いていて、掲示板を目にする。ジェニファー（Jennifer　ジ）という女性がそれを見ている。タカシは掲示板を指さして、彼女にそれについて聞く。

タ：　すみません。これが理解できません。どんなことを書いていますか。

ジ：　ある学生が８月にニューヨークにドライブに行くので、一緒に行く人を求めているんです。

タ：　どうしてその人は一緒にいく人を求めているんですか。

ジ：　彼が言いたいのは、誰かと旅行費用を折半したいという意味なんです。

タ：　それじゃ、たとえば、もし私が彼と一緒に行きたければ、この札を破って、彼と連絡をとればいいんですね。

ジ：　その通りです。

注
bulletin board	掲示板
campus	大学構内
point at	〜を指さす
notice	掲示
share	〜と共有する
travel expenses	旅行費用
tear off	引き裂く
tab	札
contact	〜と連絡をする

ちょっとひと言

アメリカの大学では、学生がbulletin boards にいろいろな広告を載せている。不要になった品物、購入したい品物、車の交通費を割り勘にしたいなどなど、それはいろいろな掲示がある。連絡先は電話番号を切り取り式の紙に書いてあり、興味のある人は、自由に切り取れるようになっている。

117. Notetaking

Could you give me some pointers?

Carol is a college student. Takashi has just gone to one of Carol's classes with her. He talks with her after class.

T : It seems that everyone was busy taking notes in class even though the professor didn't write anything on the board.

C : You're a good observer, Takashi. They have to do that if they want to get a good grade. Much of the test is based on what the professor says in class.

T : I'm slow at taking notes. **Could you give me some pointers** on how to speed up my notetaking?

C : Well, we don't try to write every word down. We write down only the important ideas.

T : Then what should I do?

C : You can start by trying to abbreviate long words.

117. ノートを取ること

> ヒントを与えてくれませんか？

キャロルは大学生である。タカシはキャロルのクラスに行く。クラス終了後、タカシはキャロルと話をする。

タ： 教授が黒板に何も書かなくても、みんなノートを取るのに忙しそうですね。

キ： 観察力がするどいですね、タカシ。もし、いい成績がほしければ、そうせざるをえないんですよ。テストの大半は、教授が授業で言うことに基づいていますから。

タ： 私はノートを取るのが遅いんですよ。ノートを取るヒントを与えてくれませんか。

キ： そうですね。私たちは全てのことばを書き取りません。重要なアイデアだけを書きます。

タ： それでは、私はどうしましょう。

キ： 長い単語を省略することから始めたらどうでしょう。

注
- pointer　　　ヒント
- take notes　　ノートを取る
- observer　　　観測者
- abbreviate　　～を省略する

> ちょっとひと言

日本の英語の授業では、ノートの取り方が問題になることは少ないが、アメリカの授業では、ノートが取れないと非常に困る。英語を速く書くことはなかなか難しい。ノートを取るのが上手な人は、授業で主なポイントだけをまとめ、ことばを省略し、文を簡略化する。

118. Expressing Yourself in Class

> Everyone looked so active in class.

Carol is a college student. Takashi has just gone to one of Carol's classes with her. He talks with her after class.

T : **Everyone looked so active in class.**
C : What do you mean, Takashi?
T : Students often interrupted the lecture with so many questions and opinions.
C : Yes. Our professor welcomes questions and opinions.
T : Don't they keep him from finishing his lecture?
C : In a way. But our questions show him that we are thinking about the subject seriously.

Part 16　大学で

118. 自分をクラスで表現する

> みんなクラスで生き生きしています。

キャロルは大学生です。タカシはキャロルのクラスに行く。彼は授業の後、彼女と話をする。

タ：　みんなクラスで生き生きしています。
キ：　それはどういうこと、タカシ。
タ：　学生がたびたび質問や意見で授業を遮りましたね。
キ：　はい。私たちの教授は、質問や意見を歓迎します。
タ：　学生は教授に授業を終わらせないのですか。
キ：　ある意味ではそうです。しかし、質問は私たちが問題についていかに真面目に考えているかということを示しています。

注　express　　　　　　　　　表現する
　　active　　　　　　　　　　活動的な
　　interrupt　　　　　　　　～を妨げる
　　keep him from finishing　　彼を終わらせないでおく
　　subject　　　　　　　　　話題

ちょっとひと言

日本の大学では授業で質問する光景はあまりないが、アメリカの大学では、学生が盛んに質問をする。同意や意見、あるいは反対意見を自由に述べる。質問をすることを教授は求めている。

Part 16 At College

119. Tests and Grading

> **How will we be graded?**

Takashi has enrolled in an intensive English class. He talks with Ms. Brown, his English teacher about tests and grading.

T : Will we have a final exam?
B : No, Takashi. We won't have a final.
T : Then **how will we be graded?**
B : I'll grade you on class participation. The more you talk in class, the better grade you'll get.
T : Won't we have any tests at all?
B : I'll give you a pop quiz once in a while.

---

119. テストと成績

> どのように評価されるのですか？

タカシは、集中英語のクラスを登録した。彼は英語の先生である、Ms.Brown にテストと成績のことについて尋ねる。

タ： 期末試験がありますか。
ブ： いいえ、タカシ。期末試験はありません。
タ： では、どのように評価されるのですか。
ブ： 授業への参加の度合いで評価します。クラスで話せば話すほど、いい成績が得られますよ。
タ： テストはぜんぜんないのですか。
ブ： ときどき出し抜けのテストをします。

注
grade	〜に成績をつける
enroll	登録する
final exam	期末試験
participation	参加
pop quiz	出し抜けに与える小さなテスト

ちょっとひと言

集中英語プログラムのそれぞれのクラスには、クラス固有のテストが与えらえれている。たとえば、作文のクラスでは最後に研究レポート、講読のクラスでは時間を計る読み、文法のクラスでは学期の最後に文法のテストが課せらられたりする。

Part 16 At College

120. Research Papers

> That sounds like a lot of work.

Carol is in her room typing a research paper for one of her classes. Takashi comes in and talks to her.

T : You look terribly busy these days. Do you have to write a paper for every course?

C : Just about. This is my second paper for my Asian history course.

T : Carol, the term has just begun. How many will you have to write by the end of the term?

C : We have to write one paper each week.

T : One each week for just Asian history! You have four other classes. **That sounds like a lot of work.**

C : That's true. Our professors want us to do a lot of independent study.

120. リサーチペーパー

> 勉強が大変そうですね。

キャロルは自分の部屋でクラス用のリサーチペーパーをタイプしている。タカシが入ってきて、キャロルにそれについて聞く。

タ： 最近は本当にいそがしそうですね。すべてのコースで論文を書かなければいけないんですか。

キ： だいたいそうです。これはアジアの歴史のコースの2番目の論文です。

タ： キャロル、学期は始まったばかりだけど、学期の終わりまでで何枚書かなくてはいけませんか。

キ： 毎週1本書かなくてはいけません。

タ： アジアの歴史のクラスだけで毎週1本ですか。他にクラスを4つ取っていますね。**勉強が大変そうですね。**

キ： そうです。私たちの教授は、自主的な勉強を願っています。

注
research paper	研究論文
terribly	非常に
just about	大体
term	学期
independent	自主的な
study	研究、勉強

> ちょっとひと言

最も普通のクラスでは、少なくとも1本の研究論文を書かせられる。従って、5～6のクラスを取っていれば、かなりの量の論文を書かなくてはいけない。

Part 16 At College

121. Frequency of Classes

> **How many times a week do you have class?**

It is Wednesday afternoon. Takashi talks to Carol on campus.

C : Gotta run. I have to go to Asian history class now.
T : But you just had one last Monday. **How many times a week do you have class?**
C : Three times a week: Monday, Wednesday, and Friday.
T : In Japan, college classes meet once a week. How long is each class meeting in America?
C : Fifty minutes.
T : Well, our classes in Japan meet for about an hour and a half.

Class Schedule

Asian History Mon Wed Fri
3 units 9:00 to 9:50 a.m.

Part 16　大学で

121．クラスの頻度

> 1週間に何度授業がありますか？

水曜日の午後である。タカシはキャンパスでキャロルと話をしている。

キ：　走っていかなくっちゃ。アジアの歴史のクラスにいかないといけないんです。

タ：　でも、先週の月曜日にあったばかりでしょう。**1週間に何度授業がありますか。**

キ：　1週間に3度です。月曜日、水曜日、そして金曜日です。

タ：　日本では、大学のクラスは1週間に1度しかありません。アメリカではそれぞれのクラスはどれくらいの長さですか。

キ：　50分です。

タ：　日本では、1クラスは90分です。

注　frequency　　　　頻度
　　gotta　　　　　　got to の短縮形

ちょっとひと言

アメリカの授業は、50分で、1週間に3度あることが多い。短い時間で回数が多いから、能率があがる。ときに、1週間に1度の授業もある。これは3時間であるが、途中で休憩も入る。

Part 16 At College

122. GPA

> **You got an A, didn't you?**

Takashi talks to Carol at a snack bar on campus. Carol has just received her grade.

C : Guess what grade I got in Asian history, Takashi!
T : **You got an A, didn't you?**
C : Yes. That will push my GPA over 3.5.
T : Congratulations, Carol! By the way, I often hear students talking about their GPAs on campus. What is a GPA?
C : GPA is short for "grade point average." It is the average of all the grades we are getting in our classes.
T : Now I understand what everyone is talking about.

Grade	Grade Points per Unit	Evaluation
A	4	Excellent
B	3	Good
C	2	Fair
D	1	Below Average
F	0	Failing
W	0	Withdrew
I	0	Incomplete

122. ＧＰＡのこと

> あなたは優をもらいましたね。

タカシは、キャンパスのスナックバーで、キャロルと話をしている。キャロルはちょうど成績表をもらったばかりである。

キ： タカシ、アジアの歴史のクラスでどんな成績をもらったか当てて見て！
タ： あなたは優をもらいましたね。
キ： ええ。それで私のＧＰＡが3.5になります。
タ： おめでとう、キャロル。ところで、私はしばしば学生がキャンパスでＧＰＡのことを話しているのを聞きます。ＧＰＡとは何ですか。
キ： ＧＰＡとは、grade point average の略です。それは、クラスでもらうすべての成績の平均点です。
タ： みんなが話していることがやっと分かりました。

注
GPA	grade point average の略で、4.00 が最高値
Congratulations!	おめでとう
be short for	〜の省略形である
average	平均値

ちょっとひと言

アメリカの大学の成績は、A、B、C、D，Fで付ける。また、それぞれが得点で表される。Aは4、Bは3、Cは2、Dは1、Fは0点となる。ＧＰＡが3.5であれば、AとBの割合が半分ずつということになる。Aだけを取った学生はA student と呼ばれる。

Part 17 Sickness

123. Headache

> **I have a terrible headache.**

Takashi has a headache. He tells Diane about it.

D : Takashi, you don't look very well. Is there something wrong?
T : **I have a terrible headache.**
D : Would you like some medicine for it?
T : Well, what kind of medicine do you suggest?
D : Let me take a look. How about a couple of aspirin?
T : No thanks, Diane. I don't take aspirin in Japan. If I rest for a while, I'm sure it'll go away.

Part 17　病気

123. 頭痛

> ひどい頭痛がするんです。

タカシは頭が痛い。ダイアンにそのことを言う。

ダ：　タカシ、具合があまりよくないようだけど、どうかしたの？
タ：　ひどい頭痛がするんです。
ダ：　何か薬でもほしい？
タ：　そうですね、どんな薬がいいと思いますか。
ダ：　見てみましょう。アスピリンをふたつほどどうかしら。
タ：　いいえ、ダイアン。私は日本ではアスピリンを飲みません。しばらく休んでいたら、痛みはなくなると思います。

注
headache	頭痛
look well	具合がよい
terrible	ひどい
medicine	薬
aspirin	アスピリン（もともとは風邪薬の商標名であったが、今では普通名詞のように使われている）
rest	休む
go away	〈痛みなどが〉取れる

ちょっとひと言

アメリカ人は日本人ほど頻繁に薬を飲まない。また、アメリカの薬は日本のものに比べるとかなり強いようである。まさかのときの用意に、日本で飲み慣れたものを旅行のときは持参したい。

Part 17   Sickness

124. Stomachache

> **My stomach is killing me.**

Takashi has a terrible stomachache. He tells Diane about it.

D :   Takashi, what's wrong?
T :   **My stomach is killing me.**
D :   Would you like us to take you to a doctor?
T :   I don't think it's that bad.   Maybe I ate too much last night.
D :   Would you like something for it?
N :   No, thank you. I brought some medicine from Japan.

Part 17　病気

124. 胃の痛み

> 胃の痛みでまいっているんです。

タカシは、胃が痛くて大変である。ダイアンにそのことを告げる。

ダ： タカシ、どうしたの？

タ： **胃の痛みでまいっているんです。**

ダ： 病院に連れていってあげるわ。

タ： そこまで悪くはないと思います。恐らく夕べ、食べ過ぎたんだと思います。

ダ： 胃の痛みに何かほしい？

タ： いいえ、結構です。日本から持ってきた薬がありますから。

注　stomachache　　　　胃の痛み
　　kill me　　　　　　　（痛み、疲労などで）参ってしまう
　　take ～ to ...　　　　～を...に連れていく

ちょっとひと言

慣れない土地で疲労がたまったりすると、普通はそうでなくても、腹痛などを起こすことがある。アメリカは水道水がそのまま飲めるが、地球的には生水がそのまま飲めるところの方がむしろ少ない。水を飲むときには、特に注意が必要である。

Part 17   Sickness

125. Making a Doctor's Appointment

> **I'd like to make an appointment to see Dr. Johnson.**

Takashi's stomachache is not getting better. He calls a doctor's office to make an appointment. He talks with a receptionist.

R : Dr. Johnson's office.

T : **I'd like to make an appointment to see Dr. Johnson.** I'm having trouble with my stomach.

R : Let me check her schedule. She has some time tomorrow afternoon at 2:00.

T : Would it be possible for me to see her today? My stomachache is pretty bad.

R : Well, she'll be tied up all morning, but she might be able to see you at 1:00. Is that all right?

T : Thank you. I'll be there.

125. 医者の予約をとる

> ジョンソン先生に見ていただきたく、予約をしたいのですが。

タカシの腹痛はよくならない。彼は予約をするために、医者に電話をする。受付の係りの人（receptionist リ）と話をする。

リ： ジョンソン医院です。

タ： ジョンソン先生に見ていただきたく、予約をしたいのですが。胃の調子がよくないんです。

リ： 先生のスケジュールを見てみましょう。明日の午後、2時なら時間があるようです。

タ： 今日見ていただくことはできませんか。胃がかなり悪いんです。

リ： 先生は午前中は非常に忙しいようですが、午後1時なら診察できるかも知れません。それでよろしいですか。

タ： ありがとうございます。1時にそこに参ります。

注
appointment	予約
get better	良くなる、回復する
receptionist	受付
pretty bad	かなり悪い
be tied up	忙しい

ちょっとひと言

アメリカの医療費は日本の医療費よりもかなり高額となる。歯の治療に、わざわざメキシコまで出かけるアメリカ人もいる。アメリカに旅行するときには、歯の治療などをしておいた方がよい。

こうしたことから、アメリカ人は日本人より、医者にかかるケースが少ない。また、医者にかかる場合には予約制のところがほとんどで、待ち時間も日本に比べれば非常に短い。

Part 17 Sickness

126. At the Doctor's Office (1)

> **I have a bad cold and I have a temperature, too.**

Takashi has a bad cold. He goes to see a doctor. He talks with Dr. Johnson.

D : What seems to be the matter?

T : **I have a bad cold and I have a temperature, too.**

D : First, let me take your temperature. Open your mouth.

Dr. Johnson puts a thermometer under Takashi's tongue. A few minutes later, she reads the thermometer.

D : You have a temperature of 100. Have you been coughing a lot?

T : I cough a lot when I'm in bed at night, but not much during the day.

D : Well, I suggest you stay in bed for the rest of the day. Try to drink plenty of fluids.

T : All right. Thank you.

Part 17　病気

126. 医者の診察室で (1)

> ひどい風邪をひいて、熱もあります。

タカシは、悪い風邪をひいている。医者に診察を受けにいく。ジョンソン先生 (Dr.Johnson ド) と話す。

ド：　どうしました？
タ：　ひどい風邪をひいて、熱もあります。
ド：　最初に熱を計ってみましょう。口を開いてください。

ジョンソン先生がタカシの舌の下に体温計を入れる。数分して、体温計を読む。

ド：　熱が100度ほどあります。咳はたくさんしてますか。
タ：　夜、寝るときに咳がよくでますが、日中はあまりでません。
ジ：　ゆっくり寝ておくのがいいでしょう。できるだけたくさん水気のあるものをとってください。
タ：　わかりました。ありがとうございました。

注
office	診療室
temperature	熱
thermometer	体温計
cough	咳をする
during the day	日中
fluids	水分

> ちょっとひと言

日本では体温計を脇の下に入れて計るが、アメリカでは口の中に入れて計る。日本でもアメリカでも女性の医者が増加している。
日本では体温をcentigrade（摂氏）で計るが、アメリカではFahrenheit（華氏）で計る。摂氏と華氏の計算は次の式で行うとよい。

$$F = 9/5 C + 32°$$

Part 17   Sickness

127. At the Doctor's Office (2)

> **I woke up with a terrible stomachache.**

Takashi goes to Dr. Johnson's office and sees Dr. Johnson.

D :   Hi. What seems to be the problem?
T :   **I woke up with a terrible stomachache.** I think I overate last night.
D :   Do you often have stomachaches like this?
T :   No, this is the first time.
D :   All right. Let me prescribe some medicine for you.

Dr. Johnson writes a prescription on a piece of paper.

D :   Please hand this to the receptionist. She'll type it up for you. Then take it to the drugstore across the street and get your medicine.
T :   Thank you, Dr. Johnson.

127. 医者の診察室で (2)

> 腹痛がひどくて目が覚めました。

タカシはジョンソン医院にいる。ジョンソン先生（Dr. Johnson　ド）と話をする。

ド：　こんにちは。どうしましたか。
タ：　**腹痛がひどくて、目が覚めました。**夕べ食べ過ぎたと思います。
ド：　このような腹痛がたびたびありますか。
タ：　いいえ、これが初めてです。
ド：　わかりました。処方箋を書きましょう。

ジョンソン先生が紙に処方箋を書く。

ド：　これを受付に渡してください。受付の係りがそれをタイプします。それから、それを持って通りを横切って薬局に行き、薬をもらってください。
タ：　ありがとうございました。

注
overeat	食べ過ぎる
prescribe	処方を書く
prescription	処方箋
drugstore	ドラッグストア。薬局

ちょっとひと言

アメリカでは医者で薬を直接もらうことは少ない。医薬分業のケースが多い。
drugstore は、医者の薬だけでなく、書籍、雑貨、飲食物などいろいろな物を売っている。

Part 17 Sickness

128. At the Pharmacy

> **How often do I have to take this medicine?**

Takashi brings the prescription to the drugstore. He talks to the druggist.

D :   What can I do for you today, sir?
T :   I'd like to have this prescription filled. It's from Dr. Johnson.
D :   Let me see. It'll take a few moments. I'll be right back.

The pharmacist prepares the medicine and she comes back to Takashi.

D :   Your medicine is ready.
T :   **How often do I have to take this medicine?**
D :   Take two tablets every four hours.
T :   Thank you.

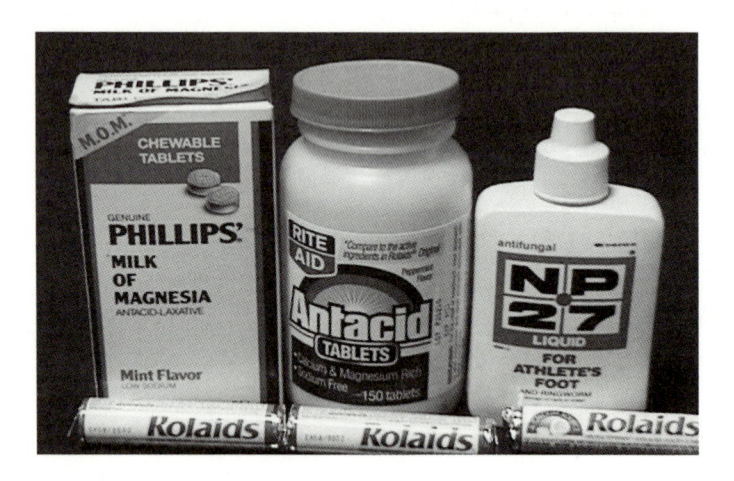

Part 17　病気

128. 薬局で

> この薬はどれくらいの頻度で飲むのですか？

タカシは、処方箋を薬局に持っていく。彼は薬剤師（druggist　ド）と話をする。

ド：　いらっしゃいませ。
タ：　この処方薬を調合してもらいたいんですが。ジョンソン先生からの処方箋です。
ド：　ちょっと見せてください。数分かかります。しばらくお待ちください。

薬剤師が薬を調合し、タカシのところにやってくる。

ド：　ご用意できました。
タ：　この薬はどれくらいの頻度で飲むのですか。
ド：　4時間ごとに2錠飲みます。
タ：　ありがとう。

注　pharmacy　　　薬局
　　druggist　　　薬剤師
　　fill　　　　　〈処方薬〉を調合する
　　pharmacist　　薬剤師
　　tablet　　　　錠剤

ちょっとひと言

前述したように、アメリカの薬は日本の薬よりも効力が強い。したがって、どのような薬をどれくらいの量、どのような頻度で飲むのかをよく知っておく必要がある。よく分からないときは、必ず薬剤師に確かめるようにしたい。

Part 17   Sickness

129. At the Dentist's Office

> **This back tooth on my lower jaw is hurting me.**

Takashi has a bad toothache. He goes to see a dentist. He talks with Dr. Adams.

D : Please come and sit in this chair. What seems to be the problem?
T : I have a bad toothache.
D : Which tooth is hurting you?

Takashi opens his mouth and points to one of his teeth.

T : **This back tooth on my lower jaw is hurting me.**
D : Let me take a look at it.

Dr. Adams examines Takashi's mouth.

D : I'm afraid that this tooth isn't in very good shape.
T : Oh, is there any way you can save it?
D : Let me take an X-ray of it and see how badly it has decayed. We might be able to make a filling for it.

Part 17　病気

129. 歯科医の診療室で

> 下顎のこの奥歯が痛むんです。

タカシは歯がひどく痛む。彼は歯医者に行く。アダムス先生（Dr. Adams　ド）と話をする。

ド：　こちらにきて、椅子に腰掛けてください。どうしましたか。
タ：　ひどく歯が痛むんです。
ド：　どの歯が痛みますか。

タカシは口を開いて、1本の歯を指し示す。

タ：　**下顎のこの歯が痛む**んです。
ド：　見てみましょう。

アダムス先生がタカシの歯を診察する。

ド：　この歯はあまりよくないようです。
タ：　何とか抜かなくていい方法はありませんか。
ド：　レントゲンを撮って、虫歯がどれくらいか見てみましょう。ひょっとしてつめものでいい場合もありますから。

注　back tooth　　奥歯
　　jaw　　　　　　顎
　　toothache　　　歯の痛み
　　hurt　　　　　　痛む
　　X-ray　　　　　レントゲン
　　decay　　　　　〈歯〉を虫歯にする
　　filling　　　　　〈歯の〉詰め物

Part 18 Trouble

130. Reporting a Lost Passport

> **I think I've lost my passport.**

Takashi has lost his passport. He goes to a police station to see if anyone has found it and turned it in. He talks with a police officer.

T : **I think I've lost my passport.**
P : When did you last see it?
T : I showed it to a cashier at a men's clothing store when I cashed some traveler's checks.
P : Did you call the store to see if they found your passport?
T : Yes, they looked around, but they couldn't find anything.
P : Well, could you give me the passport number and date it expires?

Part 18 トラブル

130．無くなったパスポートを届け出る

> パスポートを無くしたのですが。

タカシは、パスポートをなくしてしまった。彼は誰かが見つけて届け出ているかもしれないと思い、警察に行く。彼は警察官（police officer　ポ）と話をする。

タ： パスポートを無くしたのですが。
ポ： 最後にそれを見たのはいつですか。
タ： 旅行者用小切手を現金に換えたとき、ある紳士服のレジ係に見せました。
ポ： パスポートが見つかったかどうか、店に電話をしてみましたか。
タ： はい、みんな探したけど、見つからなかったようです。
ポ： そうですか。パスポートの番号と、その有効期限が切れる日を教えてください。

注　turn in　　　　届け出る
　　　cashier　　　＜店などの＞レジ係、勘定係
　　　cash　　　　　現金に換える
　　　look around　探し回る
　　　expire　　　　＜有効期限が＞切れる
　　　　　　　　　　掲示板

> ちょっとひと言

海外旅行をするとき、パスポートは非常に大切なものである。パスポートがなくては、切符も買えないし、出国も入国もできない。まずは、紛失したときのことを考えて、コピーをし、コピーしたものをどこかに保管しておきたい。
万一パスポートを無くしたら、警察に届け出て、経緯を話し、名前、連絡先などを告げておこう。すぐ、見つかったという連絡が入ることもある。見つからない場合には、最寄りの日本領事館や大使館で再発行の手続をしなくてはいけなくなる。

Part 18 Trouble

131. Reclaiming Things Left Behind

> **I have to ask you a favor.**

Takashi has noticed that he left an important souvenir behind at her house. He calls Diane.

T : Hi, Diane. How are you? This is Takashi.
D : Takashi. It's nice to hear from you again.
T : Diane, **I have to ask you a favor.** I think I left a wrapped package behind in my closet. Would you mind going up and taking a look?
D : Sure, Takashi. Hang on a second, and I'll check.

Diane goes up to Takashi's room to look for the package. She finds it in the closet. She comes back to the phone.

D : Yes, I found it.
T : When you have time, could you send it to me?
D : Sure, Takashi. I'll take it to the post office and send it right away.

Part 18　トラブル

131．忘れた品物を送ってもらう

お願いがあるんですが。

タカシはダイアンの家に、大切な忘れ物をしたことに気がついた。ダイアンに電話する。

タ：　こんにちは、ダイアン。元気ですか。タカシです。
ダ：　タカシ。声が聞けて嬉しいわ。
タ：　ダイアン、**お願いがあるんですが**。押入の後ろに包装した荷物を忘れた気がします。
ダ：　わかったわ、タカシ。そのままちょっと待ってね。調べてみるから。

ダイアンは荷物を調べにタカシの部屋に上がる。押入に荷物を見つけて、電話口に戻ってくる。

ダ：　ええ、あったわ。
タ：　時間があるときに、送ってくれませんか。
ダ：　わかったわ、タカシ。郵便局に行って、すぐ送るわ。

注		
	reclaim	〜の返事を要求する、取り戻す
	ask you a favor	お願いをする、= do me a favor
	wrap	〜を包装する
	hang on	電話を切らずに待つ

ちょっとひと言

アメリカでは日本と違って、ひとつひとつの品物について包装しないことが多い。また、包装紙があっても、日本のもののように奇麗な柄がついたものや上質のものは少ない。アメリカの多くの大学生は、昼食用にサンドイッチを作っていく。サンドイッチを入れる紙袋も、ベージュ色の粗末なものである。しかし、大事に使えば、何度も使える。限られた資源を大切にという考えからだろうか？

Part 19   Back in Japan

132. Parting from the Host Family

> **I really had a great time staying with you.**

Takashi is at the airport. He is about to leave for Japan. He says good-bye to Diane.

D : They're calling your flight. I guess you have to go now. Takashi, let me give you one last hug and kiss.

Diane hugs and kisses Takashi on the cheek.

T : **I really had a great time staying with you.** Thank you for everything.
D : It was wonderful having you. We're going to miss you. Please don't forget to write, OK?
T : I won't. Please come to see me someday in Japan. My family would love to have you at our home.
D : Maybe I can come when I have some time off from my job. Well, good-bye, Takashi.
T : Good-bye, Diane. Take care and I hope to see you again soon.

Part 19　日本に帰る

132．ホストファミリーとの別れ

> 滞在させて頂いて、本当に楽しかったです。

タカシは空港にいる。日本に帰ろうとしている。彼はダイアンにさよならを言う。

ダ：　あなたの飛行機のことを放送しているわ。もう行かなくてわね。最後のハッグとキスをさせて、タカシ。

ダイアンはタカシに抱きついて頬にキスをする。

タ：　**滞在させて頂いて、本当に楽しかったです。**なにかにつけありがとうございました。

ダ：　あなたがいてくれて、私たちも楽しかった。あなたがいなくなると寂しくなるわ。手紙を書くのを忘れないでね。

タ：　忘れません。いつか日本に遊びに来てください。私の家族はあなたに会えるのを心待ちにしています。

ダ：　仕事で休みが取れたら行けるかもね。それじゃあ、さよなら、タカシ。

タ：　さよなら、ダイアン。また、すぐお会いできることを希望しています。

注
be about to	ちょうど〜しようとしている
call one's flight = announce one's flight	
miss	〜を寂しく思う
have some time off	休みが取れる
take care	気をつける

Part 19　Back in Japan

133. Thank-You Letter

> **I would like to express my sincere gratitude for all that you did for me.**

Takashi is back in Japan. He writes a thank-you letter to the Taylors.

August 30, 2002

Dear Diane, Bert and Kris,

　　I have arrived in Japan safe and sound. I had a nice flight. My parents came to the airport to meet me.

　　Again, **I would like to express my sincere gratitude for all that you did for me** while I stayed at your home. I will never forget all the good times we had together.

　　My parents would like to invite you to our home in Japan. We have an extra room waiting for you. You are always welcome.
Take care and please write when you can.

Yours Sincerely,
Takashi
Takashi

Part 19　日本に帰る

133. お礼状

> 何かにつけお世話いただいたことに対して、
> 心からお礼を申し上げます。

タカシは、日本に戻ってきた。彼はテイラー家の人々にお礼状を書く。

2002年8月30日

親愛なるダイアン、バート、クリスへ

　私は無事に日本に帰ってきました。素晴らしい旅行でした。私の両親が空港へ出迎えにきてくれました。

　あなたがたのお家に滞在中、**何かにつけお世話いただいたことに対して、心からお礼を申し上げます**。一緒にすごしたすばらしい時のことは、決して忘れることはないでしょう。

　両親があなた方を日本へ招待したいと言っています。あなたがたのために、部屋を用意しています。お待ちしています。

　健康にご留意ください。時間があるときにはお便りをください。

敬具

タカシ
タカシ

注
thank-you letter	お礼の手紙	express	表現する、表す
gratitude	感謝	safe and sound	無事に
Dear	親愛なる	Sincerely	敬具

ちょっとひと言

ホームステイ先でお世話になったことに対して感謝の気持ちをこめて、是非、お礼状を出しておきたい。お礼の気持ちを表すことと、自分や自分の家族の様子などを伝えるとよい。

暗記用キーセンテンス

● ホームステイ家族に手紙を書く
Please let me introduce myself.　8
（自己紹介をします）

● ホームステイ家族に電話をする
May I speak to Mrs. Taylor, please?　10
（テイラー夫人はいらっしゃいますか？）

● 空港のカウンターでチェックインする
I'd like to check in for my flight.　12
（フライトのチェックインをしたいのですが）
I packed my bags myself.　14
（自分で鞄に荷物を詰めました）
Is the flight on time?　16
（飛行機は定刻通りですか？）

● 搭乗アナウンス
All passengers should proceed to Gate 48 immediately.　18
（ご搭乗のみなさま、至急48番ゲートにお出でください）

● 安全説明
We recommend that you keep your seat belt fastened throughout the flight.　20
（飛行中も、シートベルトをお締めください）
Please locate the emergency exit nearest your seat.　22
（お席に一番近い非常口をお確かめください）
All electronic devices must be switched off during takeoff and landing.　24
（すべての電気器具のスイッチは、離陸と着陸のとき、お切りください）

● 機内食を注文する
I'll have the fish dinner, please.　26
（魚のディナーをお願いします）

● 機内で免税品を買う
What duty-free items do you have?　28
（どういった免税品がありますか？）

●税関の申請用紙に書く
　Which box should I check?　　30
　（どちらの枠に印をつけたらいいですか？）

●飛行機酔い
　I'm beginning to feel airsick.　　32
　（飛行機に酔い始めたようです）

●隣の客と話をする
　I'm a college student living in Tokyo.　　34
　（私は東京に住んでいる大学生です）

●出入国管理で
　The purpose of my trip is to stay with an American family.　　36
　（旅行の目的は、アメリカの家庭に滞在することです）

●手荷物引き渡し所で
　Could you tell me where my baggage will be coming out?　　38
　（どこに荷物が出てくるか、教えていただけますか？）
　One of my bags hasn't come out yet.　　40
　（鞄のひとつがまだ出ていないんです）

●税関で
　I don't have anything to declare.　　42
　（申告するものは何もありません）

●接続便についてきく
　Could you tell me what gate I should go to?　　44
　（どのゲートに行ったらいいか教えていただけませんか？）

●接続便のアナウンス
　United Airlines Flight 75 for Columbus is now boarding at Gate 22.　　46
　（コロンブス行きユナイテッド航空75便は、22番ゲートでいま搭乗手続きをしています）

●ホストファミリーに会う
　Nice to meet you, Mr. Taylor.　　48
　（テイラーさん、お会いできてうれしく思います）
　Why don't you let Bert carry one of your bags?　　50
　（バートに荷物をひとつ運んでもらったら？）

●英語がわからないとき
　Could you say that again?　　52
　（もう一度言ってくれませんか？）

●第一印象
　America is really big, isn't it?　　54
　（アメリカは本当に大きいですね）

●市内の案内
　How many people can it hold?　　56
　（何人収容できますか？）

●案内所で
　How often does the courtesy shuttle run?　　58
　（シャトルバスは、しばしば来ますか？）

●ホストファミリーに、到着時刻を知らせる
　I have just arrived in Columbus.　　60
　（コロンブスにちょうど着きました）

●靴のこと
　Where should I leave my shoes?　　62
　（靴をどこに置いたらいいですか？）

●ほかの家族の人々に会う
　Can I ask what you do?　　64
　（どんなしごとをしているか聞いてもいいですか？）

●家の印象
　You really have a beautiful home.　　66
　（本当にきれいなお家ですね）

●自分で勝手に食べる
　May I use the microwave when I want to warm up some food?　　68
　（食べ物を温めたいとき、オーブンを使ってもいいですか？）
　In the future, I'll be more careful.　　70
　（これからは、もっと気をつけます）

●洗濯をする
　Could you show me how to use the washer?　　72
　（洗濯機の使い方を教えてくれませんか？）

●掃除機で掃除をする
　Where do you keep the vacuum cleaner?　　74
　（電気掃除機はどこに置いていますか？）

●電話を使う許可を得る
　I'm wondering if I could use your phone.　　76
　（電話を使わせてもらっていいですか？）

●コレクトコールをする
　I'd like to make a collect call to Japan.　　78
　（日本に、コレクトコールをしたいのですが）

●電話を受ける
　I'll call her to the phone.　　80
　（電話に出るように言います）
　She's out now. May I take a message?　　82
　（彼女は外出しています。ご伝言がありますか？）

●テレビを見る
　What's on TV tonight?　　84
　（今晩はテレビで何がありますか？）
　What's your favorite program?　　86
　（一番好きな番組は何ですか？）

●食事の前にお祈りをする
　Should I also say a prayer?　　88
　（私もお祈りをすべきですか？）

●食事をほめる
　It sure tastes good!　　90
　（本当においしい）

●食べ物をとってもらう
　Could you pass me the bread, please?　　92
　（パンをとってくれませんか？）

●すすめを断る
　No, thank you.　　94
　（いいえ、結構です）

●おなかが一杯になったとき
　I'm getting full.　　96
　（もうおなかが一杯です）

●朝食で
　Sunny-side up, please.　　98
　（目玉焼でお願いします）

●きれいにする
　Let me wash the dishes this morning.　　100
　（今朝は私が皿を洗いましょう）

●ファーストフードを注文する
　It's to go, please.　　102
　（持ち帰りをお願いします）

●レストランの予約をする
　I'd like to reserve a table for three for tonight.　　104
　（今晩、3人のテーブルを予約したいのですが）

●レストランに着く
　We have a reservation for three at seven thirty.　　106
　（7時30分に3人で予約しています）

●注文を決める
　Could we have a few minutes to look over the menu?　　108
　（メニューを見ますので、ちょっと時間をもらえますか？）

●ディナーについて聞く
　What comes with the Mongolian beef dinner?　　110
　（モンゴリアンビーフには何がついていますか？）

●ステーキを注文する
　I'd like my steak medium-well, please.　　112
　（ステーキは、ミディアムウェルでお願いします）

●間違った注文
　This is not what I asked for.　　114
　（これは私がお願いしたものではありません）

●チップについて
　How much should we leave?　　116
　（どれくらい（チップを）置いたらいいんでしょう？）

●カクテルを注文する
　Would my passport be OK as identification?　　118
　（パスポートは身分証明書として使えますか？）

● バス料金
　How much is the fare?　　　120
　（料金はいくらですか？）

● 目的地を確認する
　Could you tell me where to get off?　　　122
　（どこで降りたらいいか教えていただけますか？）

● タクシーで
　Could you take me to the Cincinnati Mall?　　　124
　（シンシナティモールまでお願いします）

● レンタカーを選ぶ
　I've reserved a compact car.　　　126
　（コンパクトカーを予約しているんですが）

● レンタカーの保険
　How much is your full coverage?　　　128
　（全体賠償はいくらですか？）

● 自動車の故障
　I'm at a gas station at the corner of 4th and Main.　　　130
　（4番街とメイン通りの角のガソリンスタンドにいます）

● レンタカーを返す
　I just filled up the tank.　　　132
　（満タンにしたばかりです）

● 道を聞く
　Could you tell me how to get to the Cincinnati Mall, please?　　　134
　（どうやってシンシナティモールに行ったらいいか、教えていただけませんか？）

● ほめられたときの答え方
　Thank you. I was just lucky.　　　136
　（ありがとう。運が良かっただけです）

● 個人的な質問
　May I ask you a personal question?　　　138
　（個人的な質問をしてもいいですか？）

● 話すのが速くてわからないとき
　Could you speak a little slower, please?　　　140
　（もう少しゆっくり言っていただけますか？）

●意味を聞く
What does "Catch you later" mean?　　142
("Catch you later" とはどんな意味ですか？)

●会話を続ける
Oh, this sounds interesting. Tell me more.　　144
(ああ、おもしろそうですね。もっと話してください)

●紛らわしい質問
Oops, I should have said I don't mind at all.　　146
(しまった。"I don't mind at all." というべきでした)

●贈り物を説明する
Here is a little something for you.　　148
(これは小さなものですが、受けとってください)

●歓迎パーティー
I hope to make many friends.　　150
(たくさんの友だちをつくりたいのです)

●誕生パーティー
You shouldn't have.　　152
(気にかけていただいてすみません)

●不意打ちパーティー
Congratulations on your promotion.　　154
(昇進、おめでとうございます)

●ポットラックパーティー
I hope you like it.　　156
(お口に合うといいんですが)

●送別会
I will never forget all of you.　　158
(みなさんのことは、けっして忘れません)

●デートを申し込む
How about having dinner together?　　160
(一緒にディナーでも食べない？)

●映画のデートを決める
How about going to the movies this Saturday night?　　162
(今度の土曜日の夜、映画にいかない？)

●**会話を始める**
　Nice day, isn't it?　　　164
　（いい天気ですね）

●**日曜日の教会**
　Do all Americans go to church on Sundays?　　　166
　（アメリカ人は日曜日にみんな教会に行きますか？）

●**教会での儀式**
　I could catch only half of the sermon.　　　168
　（説教の半分しかわかりませんでした）

●**アメリカのスポーツ**
　Is soccer big here?　　　170
　（サッカーはここでは人気がありますか？）

●**相撲を説明する**
　It's our national sport.　　　172
　（それは私たちの国民的スポーツです）

●**銀行から金を引き出す**
　I'd like to take some money out of my account.　　　174
　（口座からお金を引き出したいのですが）

●**お金を交換する**
　I'd like my money mostly in twenties, please.　　　176
　（お金は主として20ドル札でお願いします）

●**旅行者用小切手を現金に換える**
　I'd like to cash this traveler's check.　　　178
　（この旅行者用小切手を現金に換えたいのですが）

●**はがきを送る**
　I'd like to send these postcards to Japan by airmail.　　　180
　（この絵はがきを航空便で日本に送りたいのですが）

●**小包を送る**
　I'd like to send it by air, please.　　　182
　（航空便でお願いします）

●**散髪をする**
　Could you trim it around the sides and take a little off the top?　　　184
　（両側を刈って、上を少し切ってくれますか？）

● ホテルの予約をする
　I'd like to reserve a single room at your downtown Chicago hotel.　186
　（ダウンタウンのシカゴホテルでシングルを予約したいのです）
　Do you have anything at a lower rate?　188
　（少し安いのはありますか？）
　I'd like to guarantee a room with my Visa card.　190
　（ビザカードで部屋の保証をします）

● ホテルでチェックインする
　I've reserved a room for tonight.　192
　（今夜、部屋を予約しています）
　What is your check-out time?　194
　（チェックアウトはいつですか？）

● レストランについて聞く
　Are they still open?　196
　（まだ開いていますか？）
　Could you recommend a good restaurant around here?　198
　（このあたりにレストランがありますか？）

● ホテルの洗濯サービス
　When will the laundry be ready?　200
　（洗濯物はいつ仕上がりますか？）

● ホテルのコインランドリー
　How much change will I need?　202
　（小銭はどれくらい必要ですか？）

● 自分を閉め出したとき
　I've just locked myself out of my room.　204
　（自分を閉め出してしまったんです）

● 部屋から電話をする
　I'd like to make an international call to Japan.　206
　（日本に国際電話をしたいのです）

● チェックアウト
　I made two phone calls and had a Coke from the mini-bar.　208
　（電話を2回かけました。そして冷蔵庫のコーラを1本飲みました）

● ウインドウ・ショッピング
　I'm just looking.　　210
　（見てるだけです）

● 品物を探す
　I'm looking for a Cincinnati T-shirt.　　212
　（シンシナティのシャツを探しています）

● サイズとデザイン
　Do you have a smaller one with the same design?　　214
　（同じデザインで、もう少し小さいのがありますか？）

● 値段
　Do you have anything cheaper?　　216
　（もっと安いのはありますか？）

● クレジットカード
　May I charge it on my Visa card?　　218
　（ビザカードで払えますか？）

● 旅行者用小切手
　Do you accept traveler's checks?　　220
　（旅行者用小切手が使えますか？）

● 品物を返却する
　I'd like to return this.　　222
　（これを返却したいのですが）

● 特産品
　Could you recommend something?　　224
　（何かお薦めのものはありますか？）

● のみの市で商談する
　Could you bring down the price a little?　　226
　（少し値段を下げていただけますか？）

● コミュニティーカレッジ
　What's the difference between a community college and a university?　　228
　（コミュニティーカレッジとユニバーシティの違いは何ですか？）

● 入学試験
　What do you mean by "not everything"?　　230
　（「すべてではない」とはどういうことですか？）

- ●英語集中プログラム
  Where can I go to get more information?　232
  （どこでもっと情報が得られますか）
  I'm interested in your intensive English program.　234
  （この大学の英語集中プログラムに興味があります）
- ●アメリカの休日
  May I ask what you do on the Fourth of July?　236
  （7月4日には何をしますか？）
- ●大学の掲示板
  What does it say?　238
  （どんなことを書いていますか？）
- ●ノートを取ること
  Could you give me some pointers?　240
  （ヒントを与えてくれませんか？）
- ●自分をクラスで表現する
  Everyone looked so active in class.　242
  （みんなクラスで生き生きしています）
- ●テストと成績
  How will we be graded?　244
  （どのように評価されるのですか？）
- ●リサーチペーパー
  That sounds like a lot of work.　246
  （勉強が大変そうですね）
- ●クラスの頻度
  How many times a week do you have class?　248
  （1週間に何度授業がありますか？）
- ●GPAのこと
  You got an A, didn't you?　250
  （あなたは優をもらいましたね）
- ●頭痛
  I have a terrible headache.　252
  （ひどい頭痛がするんです）

●胃の痛み
　My stomach is killing me.　　254
　（胃の痛みでまいっているんです）

●医者の予約をとる
　I'd like to make an appointment to see Dr. Johnson.　　256
　（ジョンソン先生に見ていただきたく、予約をしたいのですが）

●医者の診察室で
　I have a bad cold and I have a temperature, too.　　258
　（ひどい風邪をひいて、熱もあります）
　I woke up with a terrible stomachache.　　260
　（腹痛がひどくて目が覚めました）

●薬局で
　How often do I have to take this medicine?　　262
　（この薬はどれくらいの頻度で飲むのですか？）

●歯科医の診察室で
　This back tooth on my lower jaw is hurting me.　　264
　（下顎のこの奥歯が痛むんです）

●無くなったパスポートを届け出る
　I think I've lost my passport.　　266
　（パスポートを無くしたのですが）

●忘れ物を送ってもらう
　I have to ask you a favor.　　268
　（お願いがあるのんですが）

●ホストファミリーとの別れ
　I really had a great time staying with you.　　270
　（滞在させて頂いて、本当に楽しかったです）

●お礼状
　I would like to express my sincere gratitude for all that you did for me.　　272
　（何かにつけお世話いただいたことに対して、心からお礼を申し上げます）

| 必ず役立つ!! **ホームステイ** 英会話ナビ | CD付き |

2002年7月30日　1刷
2019年7月26日　5刷

著　者——染矢正一，Fred Ferrasci, Paul Murray
　　　　　©Masakazu Someya, Fred Ferrasci, Paul Murray 2002
発行者——南雲一範
発行所——株式会社 **南雲堂**
　　　　　東京都新宿区山吹町361（〒162-0801）
　　　　　電　話（03）3268-2384（営業部）
　　　　　　　　（03）3268-2387（編集部）
　　　　　ＦＡＸ（03）3260-5425（営業部）
　　　　　振替口座　00160-0-46863
印刷所／日本ハイコム株式会社

Printed in Japan　〈検印省略〉
乱丁、落丁本はご面倒ですが小社通販係宛ご送付下さい。
送料小社負担にてお取替えいたします。

ISBN 4-523-26409-0　C0082〈1-409〉

　　　　　　　　　イラスト—白石祥啓，西野由記

南雲堂　好評！TOEICの本

【ECC編】

TOEIC®テスト実践講座シリーズ

TOEIC®テスト実践講座　基本総合
　　　　　　　　　　本体価格1,800円　CD付き

TOEIC®テスト実践講座　基本リスニング
　　　　　　　　　　本体価格1,600円　CD付き

TOEIC®テスト実践講座　基本リーディング
　　　　　　　　　　本体価格1,500円

TOEIC®テスト実践講座　標準総合
　　　　　　　　　　本体価格1,800円　CD付き

TOEIC®テスト実践講座　標準リスニング
　　　　　　　　　　本体価格1,700円　CD付き

TOEIC®テスト実践講座　標準リーディング
　　　　　　　　　　本体価格1,500円

TOEIC®テスト実践講座　テスト編
　　　　　　　　　　本体価格2,300円　CD 2枚付き

200点アップのTOEIC®テスト英単語シリーズ

【市橋敬三】

200点アップのTOEIC®テスト英単語
　　得点に大きくつながる意外な意味を持つ英単語

200点アップのTOEIC®テスト英単語
　　頻出多義語の征服

200点アップのTOEIC®テスト英単語
　　ビジネス用語の征服
　　　　　　　　　各本体価格1,800円　CD付き